中国古代十大思想家

自然无为者老子

李朝阳　主编

黄河出版传媒集团
阳光出版社

图书在版编目（CIP）数据

自然无为者老子 / 李朝阳主编. —— 银川：阳光出版社，
2016.8（2020.12重印）
（中国古代十大思想家）
ISBN 978-7-5525-2943-2

Ⅰ.①自… Ⅱ.①李… Ⅲ.①老子–哲学思想 Ⅳ.
①B223.1

中国版本图书馆CIP数据核字(2016)第214680号

中国古代十大思想家　自然无为者老子　　李朝阳　主编

责任编辑　金小燕
封面设计　民谐文化
责任印制　岳建宁

黄河出版传媒集团
阳 光 出 版 社　出版发行

出 版 人　薛文斌
地　　址　宁夏银川市北京东路139号出版大厦（750001）
网　　址　http://www.ygchbs.com
网上书店　http://www.shop129132959.taobao.com
电子信箱　yangguangchubanshe@163.com
邮购电话　0951-5047283
经　　销　全国新华书店
印刷装订　河北燕龙印刷有限公司
印刷委托书号　（宁）0019184

开　　本　710 mm×1000 mm　1/16
印　　张　9
字　　数　168千字
版　　次　2016年11月第1版
印　　次　2021年1月第2次印刷
书　　号　ISBN 978-7-5525-2943-2
定　　价　27.00元

前　言

在中华民族长达五千年的历史长河中，勤劳勇敢的中国人凭借自身的聪明才智，创造了曾经领先于世界的古代物质文明，也创造了处于世界前列的古代精神文明。中国优秀的传统文化源远流长，深深根植于中华民族生存和发展的"土壤"中。

中华文化之所以能够屹立于世界民族之林，其原因是多方面的，其中十分重要的一点，就是智慧的中华民族，在长期的生产活动、社会活动、思维活动的过程中，逐渐创造、积累和发展了具有以生生不息的内在思想活力为核心的优秀传统文化。这些是"中华魂"的一个表现方面，是国学不可或缺的一个部分，是中华民族伟大而坚强的精神支柱，是民族凝聚力和生命力之所在，是亿万炎黄子孙引以为豪的无价之宝。

当然，我国的传统文化既有精华，又有糟粕。因此，我们持全盘肯定或全盘否定的态度是不对的。而一知半解、信口开河或以漠然的态度对待我们宝贵的传统文化同样也是不对的。

经过了一个多世纪的巨大的社会实验的验证，我们终于明白了一个道理：发展并不是一味地摒弃过去，发展的障碍往往是对过去的不屑一顾。也就是说，为了更好地走向未来，我们不能同过去的一切彻底决裂，甚至将过去彻底砸烂；而应该妥善地利用过去，在过去这块既定的地基上构筑未来大厦。如果眼睛高于头顶，只愿在白纸上构筑美好的未来，那么，所走向的绝不会是真正的未来，而只能是空中楼阁。

那么，我们该用怎样的态度去对待我们的传统文化呢？

1. **取精华，弃糟粕。**对待中国传统文化，就应该持辩证否定的态度，就像筛选谷物一样，去粗取精，去伪存真，就不会犯"要么肯定一切，要么否定一切"的形而上学错误。研究、分析中国的传统文化不是过多地探讨古人具体离奇的故事，而应有选择地学习民族精神中的独特优点和汲取精华部分。

例如儒家的"三纲五常"，如果依现代人看来，明显是糟粕，但是"三纲五常"最初的含义则是要我们对长辈、父母有一颗感激的心：比如"父为子纲"是发展到了一种极端的状况，开始的时候只是一种心灵的活动，父母养育子女，子女应该懂得感激和回报。这样，双方的心灵就会有一种互动，感受到对方的心意，这时，"情"才会出来，这就是性情的学问。如果从这个角度而言也有其可取之处的。再例如"君为臣纲"，封建社会要求臣下愚忠于皇帝，但皇帝是封建最高统治者，用皇帝的"朕即国家"来说，那也是爱国，忠君是糟粕，爱国却永远正确。

2. **淡形式，重内容。**形式和内容的关系是复杂的：同一内容，由于条件不同，可以有多种形式；同一形式也可以表现不同的内容；新内容可以利用旧形式，旧内容也可以利用新形式。内容与形式的关系并不是并列的、没有主从之分的，在两者之间，内容起着主导的、决定的作用。内容决定形式，形式为内容服务，这是文学作品内容和形式的一般关系。

我们学习传统文化也是如此，"师古不泥古，师古不复古"，并不是穿汉服、行官礼才是传统文化。学习传统文化要重在领会传统文化的精神和思想理念，其目的是为了滋养人格，领悟思想，改善行为。

3. **既传承，又创新。**创新，是传承基础上的创新，继承也是创新基础上的继承。继承传统的目的并不是固守传统，而在于推陈出新。创新是继承中的变革，渐进中的变革。传统文化要"古为今用"，弘扬传统文化时要注意传承，更要创新。

4. **先要学，后要用。**孔子说："学而不思则罔"。学习重在学用结合。只有学用结合，才能取得良好的学习成果。与纯粹的历史学不一样，弘扬中国传统文化有追求现实进步的含义，是"扬善"和"留美"，既要学，更在用，不是"坐而论道"，这是传统文化在新时期的价值归宿。即使是提倡"清静无为"的道学，老子在《道德经》中也是倡导"以正治国、以奇用兵、以无事取天下"，而不是一味在书房朗诵"道可道，非常道"。

如儒家的"上善若水，厚德载物"思想，完全"古为今用"。其大致意思是：人的善心应该像水一样。水善于滋润万物而不与万物相争，停留在众人都不喜欢的地方，因此最接近于"道"。最善的人，最善于选择地方，心胸善于保持沉静而深不可测，待人善于真诚、友爱和无私，说话善于恪守信用，从政善于精简处理，能把国家治理好，做事能够善于发挥所长，行动善于把握时机。最善的人所作所为正因为有不争的美德，因此没有什么过失，也就没有咎怨。

"上善若水，厚德载物"也是现代很多企业价值观的核心。结合现代企业而言，企业所提供的产品或者服务本身就是服务于民众，解决社会的一些供求矛盾，而不是单纯的利润追求，这本身就是为善。当他们在为社会和民众服务得到一定的利润后，继而考虑把利润中的一部分拿出来继续投入到社会的发展中去，当然这也包含企业投入成本提高服务的品质或者产品的科研开发等等，而更重要的是很多企业也把很多的利润拿出来为社会的公益事业服务。

纵观我国古代思想史，最有成就和影响最大的十位思想家是：老子、孔子、孟子、庄子、荀子、董仲舒、朱熹、王阳明、黄宗羲、王夫之。他们的思想反映了中国古代思想发展的主要线索。

在物质欲望极度膨胀、科技文化高度发达的现代社会，许多人陷入了超重的生活而不自知。所以，现代人寻找精神家园、追寻生命的本真、探索思想的原始呼声就越来越高。

在本套丛书中，我们深入浅出地分析了中国古代对后世影响最深远的十大思想家的思想观念，力图呈现他们的思想特质。我们萃取他们的人生智慧，以期对现代人有所启迪。有人在怀疑古代思想家的智慧是否已经过时了，我们要说的是：古代十大思想家的智慧不会过时，历史的风雨不会使他们的智慧褪色。他们的智慧是人类的大智慧，既然是人类的大智慧应当属于所有的时代。他们的很多思想精髓能够滋养我们的精神，他们的很多人生智慧都能帮助我们解决现实的人生问题。

十大思想家似人世间的棋艺高手，以人世间的大智大慧将做人原则和治世理念，生存体验与生活智慧，精神境界和价格修养等等摆在一张棋盘上，不断变幻出深奥的棋局。他们以人性的目光关注纷繁复杂的社会人情，他们看重道德修养，他们的思想影响着中国封建社会几千年的礼乐文化、政治文化、制度文化、伦理道德、思维方式、价值观念、风俗习惯甚至治国安邦的总体思路。这些都是我们中华民族宝贵的精神财富。

让我们一起来聆听圣哲教诲，汲取人文给养吧！

目　录

第一章　老子一生轨迹

老子（前 571 年左右—前 472 年左右），中国古代思想家。姓李名耳，字伯阳，又称老聃。他是古代中国思想界的一位伟人。他在世界上较早提出了朴素的唯物论和辩证法，为世人提供了观察社会、思索人生的独特视角，他的思想是构筑中华文化思想体系的重要支柱和组成部分。他又是现实生活中一位特立独行的奇人，为人处世卓荦不群，在当时和后人的心目中包裹着浓厚的神秘色彩。虽然历史已跨越千年，但老子的思想和精神由于早已融入中国式的生活活动中而至今犹有极强的穿透力。

长期以来，人们把春秋战国时期当作是中国社会结构和中华民族精神思想的蕴蓄磨砺期。在那个现实生活相对混乱动荡、思想领域却极其活跃、繁荣的年代，流传至今的中国式的最根本的道德、思想乃至文化精粹得以孕育成形。那时的诸子百家可谓这种精粹孕育成形过程中各种文化思想百川汇流、冲激跌宕的时代现象。老子、孔子、列子、鬼谷子、荀子、庄子、孟子、墨子、韩非子等等如灿烂星空，相映生辉。其中老子、列子、鬼谷子后人考证较少。尤其是老子，创道家学派，开文化一脉，泽被千年，影响深远。

老子降生

约公元前 576 年 6 月，宋国国君共公去世，右师华元执掌国政。以左师鱼石为首的桓氏宗族久有谋政之心，无奈共公在位，不得其手。今见共公去世，欲乘机起事。由于谋事不密，走漏风声，被以华元为首的戴氏宗族逐出宋国。此后，即任向戎为左师、老佐为司马、乐裔为司寇；立新君，这就是宋平公。

鱼石率桓氏宗族一行二百余人逃往楚国，客居楚国三年。公元前 573 年 6 月，楚国起兵伐宋，攻克宋国的彭城（今江苏徐州），鱼石、鱼府守城，并留下三百乘战车协助镇守。

宋平王为此召朝臣议事，问道："敌强我弱，楚兵侵占彭城，是我心腹！如坐视不理，后患无穷！谁愿为我拔此要塞？"话音刚落，班中走出一人道："愚臣愿往！"平王一看，只见此人身高丈二，浓眉大眼，阔腮宽肩，威武雄健，原来是司马老佐。华元表示忧虑，对平王说："鱼石狡诈，鱼府凶残，彭城盘踞着楚国战车三百、守卒三千，力量很强。司马虽艺高胆大、刚健勇猛，恐难必胜。"老佐据理说道："鱼石，蛀书之虫也；鱼府，缚鸡之犬也。有何惧哉！老佐愿携家小以围彭城，城不克臣不归！"平王允诺。遣老佐为上将军，率二万人马去收复彭城。

话说宋国围住彭城，日夜攻打。老佐英勇威武，身先士卒，使得宋军士气大振，不到半月，彭城守军便危在旦夕。一日，鱼石、鱼府在城上督战，见宋军人多如蚁，个个奋勇，架梯登城，人人争先；又见一员大将银盔银甲、金戈白马，驰骋于疆场之上，调兵遣将。一楚将问道："这位宋将是谁？"鱼石答道："是新任司马、围兵主将老佐。"楚将纷纷议论说："攻城主将，不在军后观敌了阵，却突于军前左驰右骋，怎能不鼓舞士气！如此看来，彭城太危险了！"但鱼石是个有心计的人，他又对部下说："事将成而败，事将败而成，历史上有不少例子，怎知我军必败？老佐英勇雄武，身先士卒，这是他成功之本；刚愎自用，目中无人，这又是他失败之根。又怎知他的军队必胜？"楚将问："左师好像成竹在胸，有什么好计策？"鱼石回答说："两军相对，帅在前还是在后，要见机行事。现在宋兵攻城，主将突出在前，冒着箭矢而驰骋，这是兵家的大忌呀！我有一条小计，如果照计行事，宋军成败，还很难说。"

原来鱼石是让部下放暗箭，射杀老佐，老佐正在军前督战，忽然飞来一箭，入胸五寸。不幸坠马身亡。宋军群龙无首，溃不成军，四散逃窜。

老佐眷属正处宋营军帐中，有侍女、十数家将、数十侍卫。忽闻老佐阵亡，又见溃军如潮涌来，众家将急忙驾车，保老夫人奔逃。且战且逃，至傍晚，追兵虽已不见，但老夫人身旁仅剩下两名侍女、一位驾车家将了。家将不敢稍停，披星戴月，摸黑前行，慌不择路，沿西南方向奔去。第二日天明时分，来到一个偏僻村庄，向村民问去宋都之路，均摇头说不知。家将只知应向西行，岂知早已偏南。一行四人绕小道，行程七日，仍不见宋都，却来到了陈国相邑（今河南鹿邑东）。正行之时，老夫人突觉腹中疼痛。原来老夫人已有七月身孕，老佐为践君前诺言，以必胜之心携眷出征。此时兵败，老夫人又有丧夫之悲，亡命他国，心中焦虑，身体疲劳，以至腹中胎动，疼痛难忍。侍女惊慌无措，家将忙停车于路旁，奔至村中寻一老妇前来。不过几刻时光，只听篷车之内响起"哇哇"哭声，一个早产男婴出世，这便是老佐之子——老子。老子降生，体弱而头大，眉宽而耳阔，目如深渊珠清澈，鼻含双梁中如辙。因其双耳长大，故起名为"聃"；因其出生于庚寅虎年（公元前571），亲邻们又呼之曰小狸儿，即"小老虎"之意。因江淮间人们把"猫"唤作"狸儿"，音同"李耳"。久而久之，老聃小名"狸儿"便成为大名"李耳"一代一代传下来了。

老子故里

接生老妇见母子可怜，让一行五口住进自己家中。老丈以开药店为生，陈姓，人称陈老爹，所以都称老妇为陈妈妈。陈妈妈膝下无儿无女，为人厚道热情，让出三间西厢房，留老夫人一家居住。老夫人在危难之际，遇此善良之人，心中感激不尽；虽说战乱中颠沛流离，毕竟出于大户人家，随身携带钱财尚够度日。加之家将常帮陈老爹营生，二位侍女料理家务，老幼五口，日子过得也还滋润。从此，宋国战将老佐的妻儿便在陈国住了下来。

最早的老师

每个人都有自己的老师，中国最早的哲学家李耳也不例外。当有人问起李耳，你的老师是谁的时候，他笑着说："我的老师很多，最早的一位是个哑巴。"哑巴老师能教出哲学家吗？说起来有一段值得品味的故事。

李耳小时候，常和伙伴铁梮一起放牛。铁梮认死理，好抬杠，外号"一斧子俩梮"；李耳遇事好弄个究竟，打破砂锅问到底，凡他认为不合道理的，不争个水落石出决不罢休。所以两个人免不了有时因意见不合而争论。

那时，隐阳山里有个人不常到的地方，这里有一棵当时世上稀有的大树，长得葱茏茂盛，十分好看，从那绿莹莹的叶子来看，它既像栋树，又像槐树。细碎的叶子有规律地长在青青的叶把儿上，三分像叶，七分像花，恰似用剪刀裁成的绿色图案，齐中有齐，分外美丽！树旁边有所茅屋，屋里住着半仙山人赵五爷和他的调皮孙子赵铁蛋。

一天，李耳和铁梮一边放牛，一边下棋，突然发现铁梮的牛失踪了，两个人都很着急。李耳赶快帮铁梮找牛，他往南找，铁梮往北找。找了一阵没有找到。接着，李耳和铁梮就从南、北两个方向一起向那棵大树走来。李耳来到大树南面，见树身上被刮了一块皮，露出白生生的一片，上面歪歪斜斜地写着一个大"栋"字。铁梮来到大树北面，见树身上也被刮了一块皮，上面歪歪斜斜地写着一个大"槐"字。

站在树北面的铁梮看着树上的"槐"字说："咦！这棵槐树不小哇！"

站在树南面的李耳看着树上的"栋"字说："咦！这棵栋树就是不小。"

铁梮一听，那个犟劲一下子上来啦："咦！这明明是棵槐树，你咋要说是栋树哩？"

李耳说："这明明是栋树，你咋要说是槐树哩？"

铁梮心里说："你这个李耳就好跟我抬杠，这一回我有根有据，非抬过你不行!"想到这里,犟劲一下子上足了,大声说:"李耳,你听着,这一回我铁橛跟你抬杠要抬到底,见个高低,分个输啊赢!我要是抬不过你,叫你吐我一脸唾沫,你要是抬不过我,你说咋办?"

李耳心里说:"这个'一斧子俩橛'的家伙又上犟劲了,明明是栋树,硬要颠倒黑白,把栋树说成槐树。这一回我非要弄个究竟不行,争论不过他,不能罢休。"想到这里,对树北面的铁橛说:"这是栋树,不是槐树,我要跟你争论到底,分个输赢!你说你抬不过我,情愿叫你吐一脸。我说,我争论不过你情愿叫你吐我两脸!"

铁橛瞪着眼说:"这就是一棵槐树!"

李耳瞪着眼说:"这就是一棵栋树!"

"槐树!就是槐树!不是槐树日头打西边出!"

"栋树!就是栋树!不是栋树日头打东边落!"

两个人正互不相让,赵五爷一手牵着铁橛丢失的那头牛,一手捋着花白胡子,笑哈哈地走过来说:"好了,不要再争论了。你们争论得很有意思,这对弄清是非大有用处。可是你们不知道,你们都说错了,这不是栋树,也不是槐树,这是一棵合欢树。那树上的'栋'字和'槐'字是我那捣蛋孙子铁蛋为了糊弄人,故意写上的,他刚跟我学了两个歪字就在那乱划,不要被玄虚所迷惑。今后看事情,要从反看到正,从外看到里,从左看到右,从高看到低,从南看到北。从东看到西。好了,铁橛的牛我给找着了,别抬杠了,你们快回家吧!"

李耳和铁橛高兴地笑了。从那以后,李耳心里十二个窍门一齐开了,每遇事情,总要从多方面去看,细心研究,精心考证,终于成了中国最早的哲学家。当别人问起他那位最早的哑巴老师是谁时,他风趣地回答说:"他姓合,叫合欢树,赵五爷是这位哑巴老师的代言人。"

舌存齿亡

李耳小的时候很少说话,但他善于思考,凡事非要想出个道道才行。

一天，李耳和几个小伙伴在村外玩。这里有一棵大槐树，几个人合抱也搂不住。他们觉得这树太强大了，遮住好大一片荫，几个人爬上去摇晃也摇晃不动。在树的下面长着一片细长的小草，由于常年晒不上太阳，又黄又瘦，随着微风摇来摇去，非常细弱。

突然，狂风大作，小草被吹得贴伏在地面上，大树在狂风中悠悠地晃动身躯，似乎在说："我是多么强大呀！什么也不怕。"不一会儿，随着一道刺眼的闪电，一阵震耳欲聋的雷声，大槐树断了，露出白白的断茬。躲在一边的孩子们吓得张口结舌说不出话来。雷雨过后，李耳他们来到大槐树倒下的地方，看见那些小草迎着阳光，顶着露珠挺立着，似乎更加神气了。

李耳陷入了沉思。

李耳回到家里，将看到的情景给老师商容叙说了一遍。年迈的商容张开嘴问道："我的牙齿还在吗？"李耳摇了摇头。商容又问："我的舌头还在吗？"李耳点了点头。"牙齿是刚强的，舌头是柔弱的，为什么到老的时候，舌存而齿亡呢？"李耳似乎一下子明白了，大声回答："舌正因为柔软才长期存在，齿正因为刚强而先落，老师，是这样的吗？"商容笑了。"你算是悟出这个道理了。不仅舌齿是如此，天下万事万物都是如此，你懂得了这个道理，就是我把最根本的东西交给了你，再也没有什么可告诉你了。"李耳听着老师的教诲，联想到屋檐下又硬又滑的青石板却被水滴凿出了一个个洞；想到许多争强好胜的人家破人亡，而谦卑有礼的人则得以保存；一些本来体魄强健的人，因忽视了调养，反而早逝了。他又想到人死后变得四肢僵硬，人们给他穿寿衣都比较困难。然而新生的婴儿，那手臂和小腿看上去多么柔软，多么弱小，但是却一天天长大起来。

李耳后来把这个道理总结为这么几句话："人之生也柔弱，其死也坚强。草木之生也柔脆，其死也枯槁。故坚强者死之徒，柔弱者生之徒。"

老子祝寿

李耳小时候，曲仁里住着一家姓庞的大户人家，人称他们当家的为庞太爷。

他有两个儿子，大儿子庞信，在朝当官；二儿子庞雄，在家没事干，是个有名的游手好闲的恶少爷。村上的人为了巴结庞家，每年六月十五庞太爷过生日的时候，各家各户都要买上好多礼品去给他祝寿。有的人家穷得揭不开锅，也要买点东西往庞家送。

这一年的六月十五快到了，李耳的舅父买了鸡、鱼，还有几大包糕点，准备到庞太爷家去祝寿。不巧的是，六月十四那天下午，李耳姑母家出了一件紧当的事，急等着他去帮忙处理。临走时，他对李耳说："耳啊，你也不小了，都十四五岁的人了，明天是庞太爷六十大寿，我要是回不来，你可要带上准备好的礼物替我去给他祝寿啊。"李耳说："好，你放心走吧。"

六月十五这一天来到了，给庞太爷送礼的人真多，有抬盒子的，有抬明桌的，有抬囫囵羊的，有抬囫囵猪的。送礼的有本地的，也有外地跑几百里来给庞太爷祝寿的。他家接的礼物啊，简直堆积如山，几间屋子也摆不完。

在曲仁里，还有个叫岳平的老人，是个有名的好人，他跟庞太爷年纪一般大，是同年同月同日生的人。因为岳平是个平民小百姓，六月十五这天上午，庞太爷家宾客满座，热闹非常，而岳平家却门庭冷落，连个瞎鬼也没有，没一个人来给他祝寿，就是他的儿女也没来给他祝寿，却把攒了很长时间的钱，买一大篮子礼物给庞家送去了。

李耳看到这种世态，心里很气愤。但是舅父的嘱托在先，也只好掂着礼物往庞家走去。他一边走，一边想："同是世上一个人，为啥这样不平等哩？"李耳边走边想，越想越气愤。快走到庞家大门口的时候，又转身跑回家里去把礼物一放，一口气跑到隐阳山脚下，往青草地上一躺，脸朝上，两手扳着后脑勺，瞪着眼，看着山顶上的云彩，自己跟自己说起话来："庞太爷收了那样多的礼，几间屋子装不完，舅舅叫我也去赶热闹，人家庞家压根也不稀罕。庞太爷和岳平，同年同月同日生，都是个人，为啥如此不一样哩？"

他正自言自语，忽听，"呼隆隆隆咚！呼隆隆隆咚！"一块很大的石头从山顶上滚下来，"咚"一声一下子滚到山涧沟里去了。

李耳看到这种情况，想了一下，折身站起，像飞一般往家里跑去。到家以后，他提起舅舅给庞太爷的祝寿礼往岳平家跑去。岳平正在家里闲坐，见李耳喘着气跑过来，手里提着鸡、鱼，还有几盒封好的糕点，一时愣住了。

李耳笑着说："老人家，我给您祝寿来了。"

老人接过礼物，又惊又喜："我的老天爷呀，还有来给我祝寿的哩！好孩子，这叫我咋谢你呀！"

李耳笑哈哈地说："这谢啥，您老人家这么大年纪了，我还不该给您祝寿吗？"

岳平说："孩子啊，今天是庞太爷的六十大寿，众人都去给他祝寿，你不去他家，到我这儿来祝寿，是跑错门了吧？"

李耳一嘴吃个鞋帮子——心里有底。他笑眯眯地歪着头说："不错，不错，就是给您来祝寿的。"

再说庞太爷家，恶二少庞雄听说李耳把买的寿礼送给了岳家，可气坏啦！他说："这小子，胆敢看不起我庞家，我不掐死他才怪哩！"说着，气呼呼地往外走。庞太爷一把拉住他说："不要跟他不懂话的孩子一般见识。"恶二少不听，从他爹手里挣脱身，一直往岳家走去。庞太爷怕他伤了人命，就紧追上去。恶二少走进岳家，庞太爷也追到了岳家。恶二少看见李耳，气得脸色像紫茄子，两眼一瞪像牛蛋，伸手抓住李耳胸口上的衣服，一下子提了起来，嘴里不干不净地骂："你小子，你敢看不起我庞家，真是胆大包天！我掐死你！"

李耳一点儿也不害怕，大声质问恶二少："你为啥要掐死我？我犯了什么罪？"

恶二少说："你犯了轻官罪！你把我爹祝寿的礼物拿来送到岳家，不给我爹祝寿，反而另立新规矩给小老百姓祝寿！"

李耳寸步不让，大声说："立新规矩就是犯罪吗？你没睁眼看看，你们当官的，家里好东西多得没处放；平民百姓少吃无穿穷得揭不开锅，还要逼他们给你当官的祝寿，可是谁又来给老百姓祝寿呢？允许你立规矩给当官的祝寿，就不允许我立规矩给老百姓祝寿吗？依你的规矩是，给当官的祝寿是天经地义，给老百姓祝寿就是犯罪，就该掐死！人就知道挖凹地里土往高坟头上添；就不知道山上的石头是往凹处滚。往高坟头上添土是人的规矩；往凹地里添土是天的规矩。我给岳家祝寿，是想叫人的规矩合乎天的规矩，这犯了啥法？这犯了何罪？我从来没把死看到眼里，不要用死来吓唬我！"

站在旁边的庞太爷听李耳说得条条有理，心里羞愧，再也站不住了。他万万没想到，一个十五岁的孩子能说出这样一番道理来，心眼里十分佩服："说得好！说得好！这后生实在了不起，今后一定会成为一个不寻常的人物！我立规矩，从今往后，不准别人再给我祝寿；我要领头给老百姓祝寿，年年啊六月十五到岳家来。"说到这里，瞪了恶二少一眼："畜生，还不滚开"，恶二少讨了个没趣，只好松手走开了。

聪颖少年

老聃自幼聪慧，静思好学，常缠着家将，要他们给他将国家兴衰、战争成败、祭祀占卜、观星测象之事。老夫人望子成龙，请一精通殷商礼乐的商容老先生来教老子。商容通天文地理，博古今礼仪，深受老聃一家敬重。

一日，商容教授道："天地之间人为贵，众人之中王为本。"老聃问道："天为何物？"先生道："天者，在上之清清者也。"老聃又问："清清者又是何物？"先生道："清清者，太空是也。""太空之上，又是何物？"先生道："太空之上，清之清者也。""之上又是何物？""清之清者之上，更为清清之清者也。"老聃又问。"清者穷尽处为何物？"先生道："先贤未传，古籍未载，愚师不敢妄言。"夜晚，老聃以其疑惑问其母，母不能答；问家将，家将不能言。于是仰头观日月星辰，低首思天上之天为何物，彻夜不能寐。

又一日，商老先生教授道："六合之中，天地人物存焉。天有天道，地有地理，人有人伦，物有物性、有天道，故日月星辰可行也；有地理，故山川江海可成也；有人伦，故尊卑长幼可分也。有物性，故长短坚脆可别也。"老聃问道："日月星辰，何人推而行之？山川江海，何人造而成之？尊卑长幼，何人定而分之？长短坚脆，何人划而别之？"先生道："皆神所为也。"老聃问道。"神何以可为也？"先生道："神有变化之能。造物之功，故可为也。"老聃问："神之能何由而来？神之功何时而备？"先生道："先师未传，古籍未载，愚师不敢妄言。"夜晚，老聃以其疑惑问其母，母不能答。问家将，家将不能言。于是视物而思，触物而类，三日不知饭味。

又一日，商先生教授道："君者，代天理世者也；民者，君之所御者也。君不行天意则废，民不顺君牧则罪，此乃治国之道也。"老聃问道："民生非为君也，不顺君牧则其理可解。君生乃天之意也，君背天意是何道理？"先生道："神遣君代天理世。君生则如将在外也；将在外则君命有所不受。君出世则天意有所不领。"老聃问道："神有变化之能，造物之功，何以不造听命之君乎？"先生道："先圣未传，古籍未载，愚师不敢妄言。"夜晚，老聃以其疑惑问其母，母不能答；问家将，家将不能言。于是，踏遍相邑之土来寻求答案。

一日，商老先生说："天下之事，和为贵。失和则交兵，交兵则相残，相残则两伤，两伤则有害而无益。故与人利则利己，与人祸则祸己。"老聃问道："天下失和，百姓之大害也，君何以不治？"先生道："民争，乃失小和也；失小和则得小祸，然而君可以治也。国争，乃失大和也；失大和则得大祸，大祸者，君之过也，何以自治？"老聃问："君不可自治，神何以不治？"先生道："先哲未传，古籍未载，愚师不敢妄言。"夜晚，老聃以其疑惑问其母，母不能答；问家将，家将不能言。于是，遍访相邑之士，遍读相邑之书，遇暑不知暑，遇寒不知寒。

老子是非常好学的。李耳少年时候，白天读书，夜晚读书。夜里读书要熬很多灯油，家里人也怕他累坏了身体，就规定夜晚不准他读书。不叫他读，他就钻被窝里偷着读。被窝里没法点灯，他就想了个办法，到处捉萤火虫。他把捉到的萤火虫放进罐子里，夜里用身子撑着被子，把书对着罐子口读。

有一回，李耳到姨家去走亲戚，因为路程远，需要头一天去，第二天回来。他坐着马拉的小车往姨家走，准备回来时请他姨坐车到曲仁里来住几天。临去时，他带上好些书，有《河图》《洛书》等，另外，还特意带上他的盛萤火虫的小罐子，准备到姨家的时候，半夜里好照着看书。

李耳坐在小拉车上，一面赶着马走路，一面看书。走哇，走哇，因为他看书看迷了，看呆了，把天底下的事都忘了。他不知走了多少路，也不知看了多长时间，一抬头，姨家早走过了。马顺着路拐到一座小山下的一条小河边来了。他心里说："这咋办？得赶紧拐回到姨家去。"又一想，"《河图》这本书还没看完，到姨家去还得重新问路，这不耽误看好些书吗？唉，干脆不去了，就在这里看书，把这本书看完再说吧，不能因为走亲戚打断我看书。"想到这里，就把马拴在树上让它吃草；他坐在小河边看起书来。饿了，就吃走亲戚时带的礼物，渴了就喝几口河里的水。天黑了，他把盛萤火虫的小罐子拿出来照着书本看，越看越上瘾，看了《河图》又看《洛书》，一连看了几天几夜。再说家里人见李耳走亲戚没回来。就派人到他姨家去问出了什么事，姨说李耳没来。这一下子可把家里人急坏了，到处找李耳，连坑里井里都捞了。最后，终于在小山脚底下的小河旁边找到了他。他正嚼着走亲戚所带的礼物正看书呢。来找他的人笑着责怪他说："你这个'书疯子'，走亲戚走到哪里去啦！"就这样，李耳博览群书，终于成了一个知识渊博的人。

入周求学

商老先生教授三年，来向老夫人辞行道："老夫识浅，聃儿思敏，三年而老夫之学授尽。今来辞行，不是我有始无终，不是聃儿学习不刻苦。真是我学问有限。聃儿，是个志远图宏的孩子；相邑，是一个偏僻闭塞的地方。如果要进一步深造，则需要入周求学。都城里面，典籍如海，贤士如云，是天下的圣地，不进入都城难以成大器。"

老夫人闻听此言，心中犯难：一是聃儿年方十三，宋都尚且难返，去周都岂不如登九天？二是老氏只留此根，怎放心他孤身独行？正犹豫不知怎么回答，不料先生已猜知其为难处，忙说："以实相告，老夫师兄为周太学博士，学识渊博，心胸旷达，爱才敬贤，以树人为生，以助贤为乐，以荐贤为任。家养神童数位，皆由民间选来。不要衣食供给，待之如亲生子女。博士闻老夫言，知聃儿好学善思，聪慧超常，很想见他。近日有家仆数人路经此地，特致书我，有意想带聃儿到周国。这是千载难逢的良机，务望珍惜！"

老夫人听后，不禁悲喜交集。高兴的是先生保荐，使聃儿有缘入周，登龙门有路；悲伤的是母子分别，何日能见？思至此，好似聃儿已在千里之外，不觉心酸难抑，潸然泪下。老聃扑入母亲怀中，泣言道："母亲勿伤心，聃儿决不负老师厚望，待我学成功就，定然早日来接母亲！"说罢，母子二人相抱而泣。

哭了很久过后，母子二人转而为喜，拜谢先生举荐之恩。三天后，全家与商老先生送老聃至五里之外。老聃一一跪拜，上马随博士家仆西行而去。老夫人遥望聃儿身影远去，方才郁郁入车，闷闷返回。"

老聃入周，拜见博士，入太学，天文、地理、人伦，无所不学，《诗》《书》《易》《历》《礼》《乐》无所不览，文物、典章、史书无所不习，三年而大有长进。博士又荐其入守藏室为吏。守藏室是周朝典籍收藏之所，集天下之文，收天下之书，汗牛充栋，无所不有。老聃进入了典藏室，如蛟龙游入大海，海阔凭龙跃；如雄鹰展翅蓝天，天高任鸟飞。老聃如饥似渴，博览泛观，渐入佳境，通礼乐之源，明道德之旨，三年后又迁任守藏室史，名闻遐迩，声播海内。

老子学水

李耳长到二十八岁了，成了一个外表有点呆头呆脑，心里有点叫人看不透的人。有时候，他除了看书就是想问题，像傻了一样，一句话也不说。

隐阳山脚下有个大水潭，潭水又深又清。李耳一连几天坐在水潭旁边，对着潭水看看想想，想想看看，也不知道是弄啥哩。村上有人说李耳疯了，傻了；有人说他是看书看迷了，神经了。谁也说不清他是怎么了。

村上有个叫铁蛋的孩子，这年十四岁，聪明能干，就是骄傲，好逞能，人家给他送个外号叫能豆。

能豆领着几个小孩往李耳坐的地方走去。他对几个小孩说："看呐，耳叔装傻哩。走，咱出他的洋相去！我捂着他的眼，你们叫他猜是谁，猜不着就不松手。"说罢，轻手轻脚走到李耳身后，用两只手一下子捂住他的双眼。

"谁？谁呀？"

不管咋问，能豆就不吭声。旁边的小孩说："你猜吧，猜不着就不松手。"李耳说："快松手，别捣乱！"说着，来回扭头想挣脱掉。能豆用手扣住，死死地不放开。

旁边的小孩说："你猜他是谁？"

李耳说："根据性格分析，除了是能豆，别的还有哪个人？"

能豆松了手。小孩们都很稀罕，心里说："看那个傻样儿，咋猜得这么准哩！"

能豆说："耳叔，快对俺说，你呆这里干什么？"

"你们不懂，去吧去吧，快玩去吧！"

能豆领着这群小孩，上山坡玩去了。李耳继续观察他的水，看啊看，想呀想……只见水边，有人来掂水浇菜，有人来水边儿洗衣，鹅鸭在水上亮翅，鱼儿在水里游戏。这里的水是从山上流进潭里的，又从潭里流出来穿过树林和果园，流过田野，汇入河流。它流过的地方，树木特别绿，水果长得特别大，庄稼长得特别茂盛。

这时候，山坡上，能豆领着那群孩子在葡萄树下玩。他们想吃六月鲜葡萄。想吃又够不着，因为那一串一串葡萄是挂在一棵很高很高的大树枝上，叫谁上去摘谁都不敢上。能豆说："你们都没那个能耐，还是我来上吧。"说罢，很利索地爬到三四丈高的树枝上，摘下了葡萄，分给孩子们。

孩子们吃了葡萄，能豆问："好吃不好吃？"大家都说好吃。

能豆说："这是我的本事大，是我了不起。我摘下葡萄你们吃得美滋滋的，这是我给你们造的福，你们得叫我个爷。谁不叫，我揍谁！"孩子们没办法，只好喊他个"爷"。

这一切，李耳都看到眼里，记在心里。

能豆当了"爷"，高兴地又往李耳身边走了过来，能豆说："耳叔，你到底在这里干什么呢？"

李耳说："看水哩。"

"你看水弄啥？"

"我看水伟大，它比你当爷的伟大，比爷的爷还伟大，咱们应该向水学习。"

"水有啥学头？"

李耳笑了："能豆，你看这水多么伟大，多么了不起！它无声无息地滋润着万物，造福于万物，又不居功骄傲，它情愿到地方最低的地方去。它给人们好处，又不让人们称它爷，它不愿自称伟大，实际上它更伟大。它要是个君主，也是个上等君主。要知道君主分为四等——上等君主像水一样，他造福于人民，叫人民不感到他的存在；中等君主造福于人民，要叫人民称颂他；下等君主不造福人民，叫人民也称颂他；最下等君主残害人民，人民痛恨他。能豆，你是个很有能力的人，能爬到很高的树上摘果子给大家吃，对大家有好处，可是你不如水，因为你要称爷。你有能力，将来也可能当君主，你如果当了君主。也是二等君主，也没有水伟大。我希望，今后咱们都来学水，天下的人都来学水。"

李耳说到这里，能豆一下子明白了："噢，我说耳叔呆在这里看啥哩，原来你看的是这些呀！耳叔啊，怪不得人家说你傻了，你在这儿观水，想这些空道理有啥用？"

李耳笑着说："这叫傻人办傻事，我不光要看这些，想这些，以后还要把这些写到书里头去哩！"

教授孔丘

老聃居周日久，学问日深，声名日响。春秋时称学识渊博者为"子"，以示尊敬，因此，人们皆称老聃为"老子"。

公元前538年的一天，孔子对弟子南宫敬叔说："周国的守藏室史老聃，博古通今，知礼乐之源，明道德之要。现在我想到周国求教，你愿意和我一同前去吗？"南宫敬叔欣然同意，随即报请鲁君，鲁君批准他前去，特地派了一车二马一童一御，由南宫敬叔陪孔子前往。老子见孔丘千里迢迢而来，非常高兴，教授之后，又引孔丘访大夫苌弘。苌弘善乐，授孔丘乐律、乐理；引孔丘观祭神之典，考宣教之地，察庙会礼仪，使孔丘感叹不已，获益不浅。逗留数日。孔丘向老子辞行。老聃送至馆舍之外，赠言道："我曾听说，富贵的人以钱财送人，仁义的人用告诫的话送人。我不富也不贵，没有钱财送给你；我有几句话送给你。当今之世，聪明而深察的人，其之所以遇难，在于好嘲笑别人的不对；善辩而通达的人，其所以招祸，在于喜欢扬人之恶。为人之子，勿以己为高；为人之臣，勿以己为上，望汝切记。"孔丘顿首道："弟子一定谨记在心！"

行至黄河之滨，见河水滔滔，浊浪翻滚，其势如万马奔腾，其声如虎吼雷鸣。孔丘伫立岸边，不觉叹曰："逝者如斯夫，不舍昼夜！黄河之水奔腾不息，人之年华流逝不止，河水不知何处去，人生不知何处归？"闻孔丘此语，老子道："人生天地之间，乃与天地一体也。天地，自然之物也；人生，亦自然之物；人有幼、少、壮、老之变化，犹如天地有春、夏、秋、冬之交替，有何悲乎？生于自然，死于自然，任其自然，则本性不乱；不任自然，奔忙于仁义之间，则本性羁绊。功名存于心，就会生焦虑之情；利欲留于心，就会增加烦恼之情。"孔丘解释道："我是忧虑大道不行，仁义不施，战乱不止，国乱不治也，故有人生短暂，不能有功于世、不能有为于民之感叹矣？"

老子道："天地无人推而自行，日月无人燃而自明，星辰无人列而自序，禽兽无人造而自生，此乃自然为之也，何劳人为乎？人之所以生、所以无、所以荣、所以辱，皆有自然之理、自然之道也。顺自然之理而趋，遵自然之道而行，国则自治，人则自正，何须津津于礼乐而倡仁义哉？津津于礼乐而倡仁义，则违人之本性远矣！犹如人击鼓寻求逃跑之人，击之愈响，则人逃跑得愈远矣！"

稍停片刻，老子手指浩浩黄河，对孔丘说："你为何不学水的大道德呢？"孔丘曰："水有何德？"老子说："上善若水，水善利万物而不争，处众人之所恶，此乃谦下之德也；故江海所以能为百谷王者，以其善下之，则能为百谷王。天下莫柔弱于水，而攻坚强者莫之能胜，此乃柔德也；故柔之胜刚，弱之胜强坚。因其无有，故能入于无间，由此可知不言之教、无为之益也。"孔丘闻言，恍然大悟道："先生此言，使我顿开茅塞也。众人处上，水独处下；众人处易，水独处险；众人处洁，水独处秽。所处尽人之所恶，夫谁与之争乎？此所以为上善也。"老子点头说："汝可教也！汝可切记，与世无争，则天下无人能与之争，此乃效法水德也。水几于道，道无所不在，水无所不利，避高趋下，未尝有所逆，善处地也；空处湛静，深不可测。善为渊也；损而不竭，施不求报，善为仁也；圜必旋，方必折，塞必止，决必流，善守信也；洗涤群秽，平准高下，善治物也；以载则浮，以鉴则清，以攻则坚强莫能敌，善用能也；不舍昼夜，盈科后进，善待时也。故圣者随时而行，贤者应事而变；智者无为而治，达者顺天而生。汝此去后，应去骄气于言表，除志欲于容貌。否则，人未至而声已闻，体未至而风已动，张张扬扬，如虎行于大街，谁敢用你？"孔丘道："先生之言，出自肺腑而入弟子之心脾，弟子受益匪浅，终生难忘。弟子将遵奉不怠，以谢先生之恩。"说完，告别老子，与南宫敬叔上车，依依不舍地向鲁国驶去。

高论生死

老聃任周守藏室史，数次归家省亲，欲劝母亲随他去周；其母在陈国相邑住久，人熟地熟，不愿远迁。日月如梭，光阴荏苒，转眼间已过三十余年。一日，老聃忽得家讯，说家母病危，于是报请天子，归家省视。待回到家时，母已辞世。面对茫茫大地上一堆黄土，思想九泉之下母亲之灵，回忆母亲慈祥容貌、养育之恩，老聃悲痛欲绝，寝食俱废，席地而坐，沉思冥想，忽发自己愚钝；顺理追索，恍然大悟，如释重负，愁苦消解，顿觉腹饥体倦。于是饱餐一顿，倒头大睡。

家将、侍女皆感奇怪，待其醒来，问其缘故。老聃答道："人生于世，有情有智。有情，故人伦谐和而相温相暖；有智，故明理通达而理事不乱。情者，智之附也；智者，情之主也。以情通智，则人昏庸而事颠倒；以智统情，则人聪慧而事合度。母亲生聃，恩重如山。今母辞聃而去，聃之情难断。情难断，人之常情也。难断而不以智统，则乱矣，故悲而不欲生。今聃端坐而沉思，忽然智来，以智统情，故情可节制而事可调理也。情得以制，事得以理，于是腹中饥而欲食，体滋倦而欲睡。"

家将问道："智何以统情？"

老子回答说："人之生，皆由无而至有也；由无至有，必由有而返无也。无聃之母及聃之时，无母子之情也；有聃之母及聃，始有母子之情也；母去聃留，母已无情而子独有情也；母聃皆无之时，则于情亦无也。人情未有之时与人情返无之后不亦无别乎？无别而沉溺于情、悲不欲生，不亦愚乎？故骨肉之情难断矣，人皆如此，合于情也；难断而不制，则背自然之理也。背自然之理则愚矣！聃思至此，故食欲损而睡可眠矣。"众人闻之，心皆豁然旷达。

函谷著书

周敬王二年（公元前 518 年），老聃守丧期满返周。周敬王四年（公元前 516 年），周王室发生内乱，王子朝率兵攻下刘公之邑。周敬王受迫。当时晋国强盛，出兵救援周敬王。王子朝势孤，与旧僚携周王室典籍逃亡楚国。老聃蒙受失职之责，受牵连而辞旧职。于是离宫归隐，骑一青牛，欲出函谷关，西游秦国。

离开周王朝洛邑不远，但见四野一片荒凉。断垣颓壁，井栏摧折，阡陌错断，田园荒芜，枯草瑟瑟。田野里不见耕种之马，大道上却战马奔驰不息，有的马还拖着大肚子艰难地尾追其后。目睹此景，老聃心如刀绞，内心想道：

"夫兵者，不祥之器也，非君子之器。不得已而用之，适可而止，恬淡为上。胜而不必自美，自美者乃乐杀人也。夫乐杀人者，不可以得志于天下矣！以道佐人主者，不以兵强天下。兵之所处，荆棘生焉；大兵之后，必有凶年。天下有道，却走马以粪；天下无道，则戎马生于郊。戎马生于郊，则国乱家破矣。"

于是，老子就远走函谷关，在函谷关，老子以王朝兴衰成败、百姓安危祸福为鉴，溯其源，著上、下两篇，共五千言。上篇起首为"道可道，非常道；名可名，非常名"，故人称《道经》。下篇起首为"上德不德，是以有德；下德不失德，是以无德"，故人称为《德经》，合称《道德经》。《道经》言宇宙本根，含天地变化之机，蕴阴阳变幻之妙；下篇《德经》，言处世之方，含人事进退之术，蕴长生久视之道。

点化阳子居

一日，老聃骑牛行至梁（今河南开封）之郊外，正闭目养神，忽闻有人大呼"先生"。老聃闻声，睁开双目，发现是弟子阳子居。

阳子居，魏国人，入周太学，闻老子渊博，曾私拜老子为师。没想到在梁会与老子相遇，阳子居慌忙从高头大马上翻身而下，掀起锦绿长袍，跪拜于老聃所乘青牛前。老聃下来，扶起阳子居，与之相并同行。

老聃问道："弟子近来忙于何事？"

阳子居施礼道："来此访先祖居，购置房产，修饰梁栋，招聘仆役，整治家规。"

老聃道："有卧身之地、饮食之处则足矣，何需如此张扬？"

阳子居道："先生修身，坐需寂静，行需松驰，饮需素清，卧需安宁，非有深宅独户，何以能如此？置深宅独户，不招仆役，不备用具，何以能撑之？招聘仆役，置备用具，不立家规，何以能治之？"

老聃笑道："大道自然，何须强自静。行无求而自松，饮无奢而自清，卧无欲而自宁。修身何需深宅？腹饥而食，体乏而息，日出而作，日落而寝。居家何需众役？顺自然而无为，则神安体健；背自然而营营，则神乱而体损。"

阳子居知己浅陋，惭愧道："弟子鄙俗，多谢先生指教。"

老聃问。"安居何处？"

阳于居道："沛（今江苏沛县）。"

老聃说："正好相伴同行。"阳子居很高兴。欣然与老师结伴向东而行。行至难水，二人乘船而渡。老聃牵牛而先登，阳子居引马而后上。老聃慈眉善目，与同渡乘客谈笑自如；阳子居昂首挺胸，客人见之，施之以座，船主见之奉茶献巾。难水过，二人骑牲继续前行。老聃叹道："刚才观你神态，昂首挺胸，傲视旁人，唯己独尊，狂妄自大，不可教也。"阳子居面带愧色，恳言道："弟子习惯成自然，一定改之！"老聃道"君子与人处，若冰释于水，与人共事，如童仆谦下；洁白无瑕而似含垢藏污，德性丰厚而似鄙俗平常"。阳子居听后，一改原来高傲，其貌不矜亦不恭，其言不骄亦不媚。老子赞曰："小子稍有进！人者，生于父母之身，立于天地之间，自然之物也。贵己贱物则背自然，贵人贱己则违本性，等物齐观，物我一体，顺势而行，借势而止，言行不自然，则合于道矣！"

论养生经

老聃隐居宋国沛地，自耕而食，自织而衣。岂知他的名声却远播四海。慕其名者接踵而至，求问修道之方，学术之旨，处世之要，于是其弟子遍天下。

有个弟子名庚桑楚，深得老子之道，住在北部畏垒山上。住三年，畏垒之地民风大变：男耕而有粟可食，女织而有衣可穿，各尽其能，童叟无欺，百姓和睦，世间太平。众人欲推庚桑楚为君主。庚桑楚闻之，心中不悦，意欲迁居。弟子不解，庚桑楚道："巨兽张口可以吞车，其势可谓强矣，然独步山林之外，则难免网罗之祸；巨鱼，张口可以吞舟，其力可谓大矣，然跃于海滩之上，则众蚁可以食之。故鸟不厌天高，兽不厌林密，鱼不厌海深，兔不厌洞多。天高，鸟可以飞矣；林密，兽可以隐矣；海深，鱼可以藏矣；洞多，兔可以逃矣。皆为保其身而全其生也。保身全生之人，宜敛形而藏影也，故不厌卑贱平庸。"

庚桑楚弟子中有一人，名南荣趎，年过三十，今日闻庚桑楚养生高论，欲求养生之道。庚桑楚道："古人曰：土蜂不能孵青虫，越鸡不能孵鸿鹄，各有所能，各有所不能也。桑楚之才有限，不足以化汝，汝何不南去宋国沛地求教老聃先生？"南荣趎闻言，辞别庚桑楚，顶风冒雪，行七天七夜才到了老聃居舍。

南荣趎拜见老聃，道："弟子南荣趎，资质愚钝难化，特行七日七夜，来此求教圣人。"老聃道："汝求何道？""养生之道。"老聃曰："养生之道，在神静心清。静神心清者，洗内心之污垢也。心中之垢，一为物欲，一为知求。去欲去求，则心中坦然；心中坦然，则动静自然；动静自然，则心中无所牵挂。于是乎当卧则卧，当起则起，当行则行，当止则止，外物不能扰其心。故学道之路，内外两除也；得道之人，内外两忘也。内者，心也；外者，物也。内外两除者，内去欲求，外除物诱也；内外两忘者，内忘欲求，外忘物诱也。由除至忘，则内外一体，皆归于自然，于是达于大道矣！如今，汝心中念念不忘学道，亦是欲求也。除去求道之欲，则心中自静；心中清静，则大道可修矣！"南荣趎闻言，苦心求道之意顿消。如释重负，身心已变得清凉爽快、舒展旷达、平静淡泊。于是拜谢老聃道："先生一席话，胜我十年修。如今荣不请教大道，但愿受养生之经。"

老聃道："养生之经，要在自然。动不知所向，止不知所为，随物卷曲，随波而流，动而与阳同德，静而与阳同波。其动若水，其静若镜，其应若响，此乃养生之经也。"南荣趎问道："此乃完美之境界乎？"老聃道："非也。此乃清融己心，入于自然之始也。倘入完美境界，则与禽兽共居于地而不以为卑，与神仙共乐于天而不以为贵；行不标新立异，止不思虑计谋，动不劳心伤神；来而不知所求，往而不知所欲。"南荣趎问道："如此即至境乎？"老聃道。"未也。身立于天地之间，如同枯枝槁木；心居于形体之内，如同焦叶死灰。如此，则赤日炎炎而不觉热，冰雪皑皑而不知寒，剑戟不能伤，虎豹不能害。于是乎祸亦不至，福亦不来。祸福皆无，苦乐皆忘也。"

再授孔丘

自从上次孔丘与老聃相别，转眼便是十七八年，至五十一岁，仍未学得大道。闻老聃回归宋国沛地隐居，特携弟子拜访老子。

老子见孔丘来访，就接待了孔丘，问道：一别十数载，闻说你已成北方大贤才。此次光临，有何指教？"孔丘拜道："弟子不才，虽精思勤习，然空游十数载，未入大道之门，故特来求教。"老子曰："欲观大道，须先游心于物之初。天地之内，环宇之外。天地人物，日月山河，形性不同。所同者，皆顺自然而生灭也，皆随自然而行止也。知其不同，是见其表也；知其皆同，是知其本也。舍不同而观其同，则可游心于物之初也。物之初，混而为一，无形无性，无异也。"孔丘问："观其同，有何乐哉？"老子道："观其同，则齐万物也。齐物我也，齐是非也。故可视生死为昼夜，祸与福同，吉与凶等，无贵无贱，无荣无辱，心如古井，我行我素，自得其乐，何处而不乐哉？"

　　孔丘闻之,观己形体似无用物,察己荣名类同粪土。想己来世之前,有何形体?有何荣名?思己去世之后,有何肌肤?有何贵贱?于是乎求仁义、传礼仪之心顿消,如释重负,无忧无虑,悠闲自在。老子接着说:"道深沉矣似海,高大矣似山,遍布环宇矣而无处不在,周流不息矣而无物不至,求之而不可得,论之而不可及也!道者,生育天地而不衰败、资助万物而不匮乏者也;天得之而高,地得之而厚,日月得之而行,四时得之而序,万物得之而形。"孔丘闻之,如腾云中,如潜海底,如入山林,如沁物体,天我合为一体,己皆万物,万物皆己,心旷而神怡,不禁赞叹道:"阔矣!广矣!无边无际!吾在世五十一载,只知仁义礼仪。岂知环宇如此空旷广大矣!好生畅快,再讲!再讲!"老子见孔丘已入大道之门,侃侃而谈道:"圣人处世,遇事而不背,事迁而不守,顺物流转,任事自然。调和而顺应者,有德之人也;随势而顺应者,得道之人也。"孔丘闻之,若云飘动,随风而行;若水流转,就势而迁。喜道:"悠哉!闲哉!乘舟而漂于海,乘车而行于陆矣。进则同进,止则同止,何须以己之力而代舟车哉?君子性非异也,善假于物也!妙哉!妙哉!再讲!再讲!"老子又道:"由宇宙本始观之,万物皆气化而成、气化而灭也。人之生也,气之聚也;人之死也,气之散也。人生于天地间,如白驹过隙,忽然而已矣。万物之生,蓬蓬勃勃,未有不由无而至于有者;众类繁衍,变化万千,未始不由有而归于无者也。物之生,由无化而为有也;物之死,由有又化而为无也。有,气聚而可见;无,气散而不可见。有亦是气。无亦是气,有无皆是气,故生死一气也。生者未有不死者,而人见生则喜,见死则悲,不亦怪乎?人之死也,犹如解形体之束缚,脱性情之裹挟,由暂宿之世界归于原本之境地。人远离原本,如游子远走他乡;人死乃回归原本,如游子回归故乡,故生不以为喜,死不以为悲。得道之人,视生死为一条,生为安乐,死为安息;视是非为同一,是亦不是,非亦不非;视贵贱为一体,贱亦不贱,贵亦不贵;视荣辱为等齐,荣亦不荣,辱亦不辱。何故哉?立于大道,观物根本,生死、是非、贵贱、荣辱,皆人为之价值观,亦瞬时变动之状态也。究其根本,同一而无别也。知此大道也,则顺其变动而不萦于心,日月交替,天地震动、风吼海啸、雷鸣电击而泰然处之。"

　　孔丘闻之,觉己为鹊,飞于枝头;觉己为鱼,游于江湖;觉己为蜂,采蜜花丛;觉己为人,求道于老聃。不禁心旷神达,说:"吾三十而立,四十而不惑,今五十一方知造化为何物矣！造我为鹊则顺鹊性而化，造我为鱼则顺鱼性而化，造我为蜂则顺蜂性而化，造我为人则顺人性而化。鹊、鱼、蜂、人不同，然顺自然本性变化却相同；顺本性而变化，即顺道而行也；立身于不同之中，游神于大同之境，则合于大道也。我日日求道，不知道即在吾身，丘将随造化而行矣！"言罢，起身辞别。老聃笑道："孔丘今日真知道矣！"

圣人仙逝

老聃长寿，一百余岁仙逝，邻里皆来吊唁。老人哭之，如哭其子；少者哭之，如哭其父。念老子顺民之性、随民之情、与世无争、柔慈待人的大德大恩，皆悲不自胜。

老聃好友秦佚来吊唁，至老子灵旁，不跪不拜，拱手致意，哭号三声即止。待其欲转身回去时，邻人拦住问道："汝非老子好友乎？"秦佚答道："当然。"邻人道："既为老子好友，如此薄情少礼，可乎？"秦佚道："有何不可？"邻人闻言，由怒转，大声责问道："其理何在？"秦佚笑道："吾友老聃有言，生亦不喜，死亦不悲。汝可闻乎？昔日老聃之生也，由无至有，聚气而成，顺时而来，合自然之理，有何喜哉？今日老聃之死也，由有归无，散气而灭，顺时而去，合自然之理也。有何悲哉？生而喜者，是以为不当喜而喜也；死而悲者，是以为不当悲而悲也，放生时贵生，死时怕死，皆是以己之意愿而强求生来、强求死去也，皆背自然之理而任己之情也。如安时而处顺，则哀乐不能入也。而背自然、违天理，合于道乎？不合于道，可为老聃好友乎？老聃好友者，遵其言而动、顺于道而行者也。吾既为老聃之友，故能以理化情，故不悲。"

邻人闻之，似有所悟，又问："汝既不悲，何以哭号三声？"秦佚笑道："吾哭号三声，非因悲也，是与老聃辞别也。一号，言其生而应时，合自然之理也；二号，言其死而应时，合自然之理也；三号，言其在世传自然无为之道，合自然之理也。老聃举足而应时，动止而合道，吾有何悲哉？"众邻闻之，皆言秦佚乃老聃真友，故推其为主葬之人。合土之时，秦佚颂悼文道："老聃大圣，替天行道，游神大同，千古流芳。"

第二章　老子的"天道无为"思想

　　"无为"一词在《老子》中共出现了七次，每次的内涵不完全相同，但异曲同工，大道相通。"无"字在《老子》中有两解，一作否定副词，即"不"的含意；一作"依照自然规律，不外施妄为"讲。《老子》第一章中"无，名天地之始"，可见老子把"无"作为天地的原始和道的本象，下文有"故常无，欲以观其妙"。"无"字在《老子》中有道的原始内涵，所以"无为"的全解应该是依道而为，循自然规律而为，不妄为。

　　"无为"的思想纵贯始末，形成了系统丰富的思想体系。几千年来，"无为"思想影响并丰富着中华文化，成为中华文化的重要组成部分。汉高祖刘邦平天下而立汉室，治天下就用"无为"思想，轻法刑，薄徭役，让人民休养生息，从而医治了春秋战国几百年的战乱给人民和社会造成的创伤，大大促进了社会生产力的发展。汉朝文帝、景帝继续采用高祖之略，历史上出现了有名的"文景之治"，中国出现了封建社会的第一个繁荣盛世。

　　"无为"和"有为"是相对的，关键要正确认知客观世界，正确把握客观事物的规律。三国鼎立，蜀国初定，诸葛亮在《答法正书》中以"只知其一，不知其二"的论断驳斥了蜀中政客法正的主张。法正主张蜀初定，应效仿刘邦轻法刑、施德政的主张。诸葛亮驳斥法正只知其一，不知其二。秦末汉初，由于秦的暴行，刑法残酷，民皆恶之，加之战乱，民不聊生，所以高祖刘邦轻法刑、施德政，天下大治。今蜀刘璋暗弱，法令不行，蜀地吏民，专权放纵，所以必须严法刑，赏罚分明，以法立信诚，国家才能大治。法正只知其一，诸葛亮不仅知其一，而且知其二，正确把握了"无为"和"有为"的度，根据客观规律制定了正确的治国方针，建立了名垂青史的功业。

　　学习研究老子道家文化，要正确把握老子"无为"思想的正确内涵，把握

"无为无以为"和"无为无不为"的辩证关系，学习吸取老子思想中的精髓，古为今用。

非常之道，非常之名

老子说：

"道可道，非常道；名可名，非常名。无，名天地之始；有，名万物之母。故常无，欲以观其妙；常有，欲以观其徼。此两者，同出而异名，同谓之玄。玄之又玄，众妙之门。"

《老子》（世德堂刊本）

意思是说：可以说出来的道，便不是经常不变的道；可以叫得出来的名，也不是经常不变的名。无，是天地形成的本始；有，是创生万物的根源。所以常处于无，以明白无的道理，为的是观察宇宙间变化莫测的境界；常处于有，以明白"道"的起源，为了是观察天地间事物纷纭的迹象。它们的名字，一个叫做无，一个叫做有，出处虽同，其名却异，若是追寻上去，都可以说是很深远的。再往上推，幽微深远到极点，就正是所有的道理及一切变化的根本了。

"道"，是老子首创的含有深刻哲理意义的概念。道的本意是"道路"的意思，引申为事物运动变化所遵循的秩序、方法和规则。除此以外，老子"道"的哲学内涵是宇宙本原。宇宙本原含有两方面内容：①道体（有），即"道之为物"，是化生宇宙万物的最基本的物质；②道性（无），是宇宙万物赖以生成的最一般规律。道体、道性不可分离，二者相互对立统一，构成了宇宙的本原。

"道可道，非常道。"前一个"道"同于后一个"道"，都是名词"道路"的意思，但前一个"道"特指圣人之道。中间的"道"，是名词用作动词，为"行走"的意思。"常道"，指没有体道的平常人行走的道路，亦即追求外在的名利之道。

"名可名，非常名。"前一个"名"是指沿圣人之道行走所得到的名也即"朴"（《老子》第二十五章）；中间的"名"，是名词用作动词，即"求得""占有"的意思；后面的"名"，指功利之名。"常名"，指常人所追求的名也即功利之名。

开头一句，揭示的是人们的价值观问题，价值观不同，人生追求和所遵循的道路就不同。不同的追求，不同的道路，必然造就不同的人生和社会。圣人内求，所得之名，虽虚而实；常人外求，所得之名，虽实而虚。

道是什么？道是不可言、不可谈的一个东西，道就是化生为万物的原物质和这原物质化生的万物演化时所遵循的基本法则，当然，这种法则也是人应当遵循的人事法则。德是什么？德是万物顺应道而形成的自性、本然。

客观世界是否存在着能适应万物万事的总法则——它应是介于科学（知道的认识）和宗教（相信的认识）之中的某种"可能的认识"范畴——如果有的话，那就是老子《道德经》中把本体论，认识论和逻辑学统一起来的道。一般学科只是研究社会现象的一个侧面或一个层次，而面对社会万物万事这一错综复杂的系统，却无法给予有力的全面解释。而老子的道指出的却是宇宙物理与人事必然的基本法则。自然界的事物都摆脱不了这基本法则的规矩，事物顺之则生成，逆之则败亡。因此，人与天地万物皆应循道而为。梁启超说："吾先民以为宇宙间有自然之大理法，实为人类所当率循者，而此法理乃天之所命。"

老子就是观察了天地和人类自身以及鸟兽等客观事物，综合其变化规律，对混沌现象通过理性思维来进行抽象化（秩序化），对普遍现象进行概括，从而透过现象认识到了事物的本质，使经验知识成为了可能的"先验"的东西。所以，老子对道的认识属于是一种宏观的思维观念，它是老子将人类的行为和自然万物纳入到整个自然运行之中进行整体考察后得出的结论。它有着完整的逻辑体系作为基础，具有很强的科学性和前瞻性，故而对人类行为有其规范价值。老子就是这样，使形而上的"天道"，通过形而下"人道""地道"体验出来。老子说："以身观身，以家观家，以乡观乡，以邦观邦，以天下观天下。"

老子所好的是"天人合一"，他不喜好的也是"天人合一"。把天人看作合一也是一，不把天人看作合一也是一。把天人看作合一，便是和天做伴；不把天人看作合一，就是和普通人做伴，明白天人不是对立的人，就叫做真人。生死是命，就好像白天和黑夜的变化一样，乃是自然的道理，人既不能干预，又无法改变。然而，人们以为天给了自己生命，便爱之若父，对天如此，对那独立超绝的道又将如何？人们以为国君的地位比自己高，就肯替他尽忠效死，那么遇到真君又该怎么表现呢？泉水干了，水里的鱼都困在陆地上，互相吐着涎沫湿润对方，如果这样，倒不如大家在江湖里互不相顾的好。

什么是"众妙之门"呢？庄子认为有死，有生，有灭，有显，但都无法看见"显"与"灭"的途径，这就叫做"天门"。天门便是"无有"，而万物就是从"无有"产生出来的。大道的降生与毁灭均无原因，它有具体的事实而没有可见的出处；有久长的渊源而没有开始的根本；有出生的处所又看不见窍孔，但却有具体的事实、不确的所在，这样就构成了空间；有久长的渊源而无开始的根本，就形成了时间。

美丑并生，善恶相依

老子说：

"天下皆知美之为美，斯恶已。皆知善之为善，斯不善已。故有无相生，难易相成，长短相形，高下相倾，音声相知，前后相随。是以圣人处无为之事，行不言之教。万物作焉而不辞，生而不有，为而不恃，功成而弗居。夫唯弗居，是以不去。"

意思是说：天下人都知道美之所以为美，丑的观念就跟着产生；都知道善之所以为善，不善的观念也就产生了。没有"有"就没有"无""有无"是相待而生的；没有"难"就没有"易""难易"是相待而成的；没有"长"就没有"短""长短"是相待而显的；没有"高"就没有"下""高下"是相待而倾倚的；没有"音"就没有"声""音声"是相待而产生和谐的；没有"前"就没有"后""前后"是相待而形成顺序的。因此圣人做事，能体合天道，顺应自然，崇高无为，实行不言的教侮。任万物自然生长，而因应无为，不加干预；生长万物，并不据为己有，作育万事，并不自恃其能；成就万物，亦不自居其功。就因为不自居其功，所以他的功绩反而永远不会泯没。

这段话反应了老子的"相对论"思想。世间一切的事物都是相对的，所以彼此才有分别。看别人都觉得"非"，看自己便认为"是"，因为只去考察对方的是非，反而忽略了自己的缺点；如果能常反省自身，一切也就明白了。"此"就是"彼""彼"就是"此"。彼此都以对方为"非"，自己为"是"，所以彼此各有一"是"，各有一"非"。那么"彼""此"的区别究竟存不存在呢？如果能体会"彼此"是相应又虚幻的，便已得到道的关键。明白天下没有一定的是非，指头和指头，马和马又有何是非之分？指头乃是天地中的一体，马乃是万物中的一物。以此类推：用天地比做一个指头，把万物比做一匹马，那么天地万物又有何是非？

佛教里有个故事，是佛祖教化一个女子的故事。这个女子是天底下所有人认为最美的女子，她也特别得意自己的美丽，认为她的美丽比什么都重要。佛祖在教化他的时候，让她看到他年老的时候是什么样子，也让她看到她死后的样子，她在看了这些以后，尤其是看了她死后的那堆白骨，悟了道！

从太极图上你也可以看出，阴阳是交互的，而在阴里还有阳，在阳里还有阴，我们看看太极图那阴阳鱼的鱼眼，你就可以看出来了！还有在六十四卦中你也可以看出来卦与卦的对应关系！老子所说的难和易，不就是这样吗？难是相对于易来说的，而让你为难的事情，其实是你的主观印象的感觉，你不敢去碰它，而往往在你解决它的时候，这事情也是可以解决的！还有我们往往又把看得容易的事情想简单了，这也是你主观印象，而你实际去处理的时候，也和你原来想的不一样。所以我们在处理问题上面，我们就要知道难易的相对性，这样你才能有的放矢地来解决问题！

从老子的相对论来看，事物都是相对的，而如何解决问题，那就是要符合事物本身的规律，要让问题处于和谐的状态，就像太极图那样，阴中有阳，阳中有阴，阴阳和谐。从这我们也可以看出老子我们要处无为之事的道理，因为在你知道了事物的相对性后，你就会知道，不以绝对来看问题，要用相对来解决问题，你也会发现事物都是客观的，你就会发现，有无是互生的，事物都是相辅相成的，有难就有易，有长就有短，有高就有下，你去把它们相互补充、融合，你就会找到更好解决问题的办法！而这个办法不是谁告诉你的，而是你自己发现的，因为你知道了有和无的关系，从而也知道了万物生长的道理，去以自然的方式去处理问题，你就可以看出老子要我们处无为之事的道理，是以万物生长的道理为道理的，万物生长不是说的，而是实实在在做出来的。

庄子借北海若之口说出了"相对论"：

河伯说："从道的立场来看，万物没有贵贱之分；从物的立场来看，物类都是贵己而贱人；从世俗的立场来看，贵贱起自外物而不由自己；从差别的眼光看，万物自以为大的，便是大，自以为小的，就是小，那么万物便无所谓大小之别。如果知道天地像一粒稊米，毫末像一座山丘，万物的差别也就不难区分了。"

"从功用方面来看，依照万物自认其有无存在为标准，大凡和他们相对的万物，其功用也是相对的，譬如箭因为有用处，盾牌也就有了用处。再者，我们知道东、西方向是相反的，但是如果没有东方，就不能定出西方在那里。由此可知其区分乃是相对，而非绝对。"

"由众人的趣向来看，如果依随别人所说的对错为标准，别人说对就是对，别人说错就是错，也就是没有对错的区分。以尧和桀自以为是而视对方为非这点看来，人心的倾向便已明显地表露出来……"

"所以有人说：'为什么不取法对的，摒弃错的，取法德治，摒弃纷乱呢？'这乃是不明白天地万物之情的话啊！就像只取法天，不效法地，只取法阴不效法阳一般，显而易见，这是行不通的。可是大家仍不停地说着这句话，如果不是愚蠢没有知识，就是故意瞎说了。"

河伯："那么，我以天地为大，以毫末为小，可以吗？"

北海若回答道："不可以。因为万物没有穷尽，时间没有止期，得失没有一定，终始也无处可寻。所以有大智慧的人观察事物由远及近，不会只偏看一处的。"

"他们知道万物没有穷尽，所以不以小为少，不以大为多，知道时间没有止境，所以不因没有看到遥远的事物而烦闷。知道得失没有一定，所以虽有得并不欢喜，虽有失也不忧愁；知道终始无处可寻，所以不把生当作快乐，也不以死为祸患，因为他们明白生死是人所共行的平坦大道。"

无为而治，天下则安

老子说：

"不尚贤，使民不争；不贵难得之货，使民不为盗；不见可欲，使民心不乱。是以圣人之治，虚其心，实其腹，弱其志，强其骨。常使民无知无欲。使夫智者不敢为也。为无为，则无不治。"

该段的意思是说，不标榜贤名，使人民不起争心；不珍贵难得的财货，不使人民起盗心；不显现名利的可贪，能使人民的心思不被惑乱。因此，圣人为政，要净化人民的心思，没有什么自作聪明的主张；满足人民的安饱，就不会有更大的贪求；减损人民的心志，便没有刚愎自用的行为；增强人民的体魄，就可日出而作，日落而息。哪里还会与人相争呢？若使人民常保有这样无知无欲的天真状态，没有伪诈的心智，没有争盗的欲望，纵然有诡计多端的阴谋家，也不敢妄施伎俩。在这样的情况下，以"无为"的态度来治世，哪里还有治理不好的事务？

老子的"无为"并不是什么都不做，并不是不为，而是含有不妄为、不乱为、顺应客观态势、尊重自然规律的意思。无为是一种处世的境界，达到人与自然的一种和谐，无为而治是道家治国的一种方法。有人认为"无为"就是毫无作为、消极等待，只是听从命运的摆布，这实在是误解了老子的本意。老子说："无为而无不为"意思是说："不妄为，就没有什么事情作不成了"。这里，"无为"乃是一种立身处世的态度和方法，"无不为"是指不妄为所产生的效果。"为无为，而无不治"的意思是以"无为"的态度去对待社会人生，一切事情没有不上轨道的。万事万物均有自身的规律，我们只能顺应规律，顺应时代的潮流，促其前进。不能违背规律，否则就是"有为"——乱为、妄为。"为无为"是讲从"无为"的态度去"为"可见老子并不反对人类的努力，老子说："万物作而弗始，生而弗有，为而弗持，功成而弗居。""生""为""功成"正是要人去工作、去创造、去发挥主观能动性，去贡献自己的力量，去成就大众的事业。"弗有""弗持"、"弗居"即是要消除一己的占有冲动。人类社会争端的根源，就在于人人扩张一己的私欲。因而，老子又叫人不要妄为、不要贪、不要争夺、不要占有、不违背规律。

老子的无为思想和老子的哲学并不是一种西方意义上的知识学体系，而是一种生命的智慧，一种对"道"的追寻。老子"道"的学说，就是对宇宙万物的形而上的把握。它的宗旨，不在玄远的空洞世界，而在生活的实践之中。对于个体生命而言，它提供了安身立命的基础；对于一个国家而言，则是一种使国家达到善治的智慧。虽然老子思想以"玄之又玄"而著称，但其背后的济世情怀，却值得反复体味。老子的哲学是一种大智慧，对于人类一切事务，包括管理在内，都具有深刻的启发意义。

其中，"无为而治"的思想是最具有影响力的。"无为"，在老子那里意味着"道法自然"，即所谓"人法地，地法天，天法道，道法自然"。"无为即自然"，是老子哲学的基本观点。老子将"道"视为宇宙之本，而道之本性则是"常无为而无不为"，即"道"对于宇宙万物是"侍之而生而不辞，功成而不有，衣养万物而不为主"。就道生成万物、成就万物而言，道是"无不为"的；就道对于万物"不辞""不有"而言，道又是"无为"的。从本质上讲，这是"无为"与"无不为"的有机统一。天地万物的生成与存在，皆是"无为也而无不为"的。老子正是从这一思想出发，认为治国安民，要反对"有为而治"，而主张"无为而治"。在他看来，"为无为，则无不治""圣人无为故无败，无执故无失"，圣人"无为而无不为，取天下常以无事；及其有事，不足以取天下"。老子把"无为"看作圣人"取天下"和"治天下"的手段。

老子既反对儒家推行"以德治国"，又反对"以智治国"。指出："大道废，有仁义；智慧出，有大伪；六亲不和，有孝子；国家混乱，有忠臣。"认为，"古之善为道者，非以明民，将以愚之""民之难治，以其智多。故以智治国，国之贼；不以智治国，国之福"。同时老子也反对兵家的"以力治国"，反对暴力战争。他认为，"兵者不祥之器，非君子之器"，他主张"以道佐人主，不以兵强天下"。只有推行无为而治，才能达到"我无为而民自化，我好静而民自正，我无为而民自富，我无欲而民自朴"的理想社会。

数千年来，老子的"无为"思想对中华民族的性格行为和人生观产生了很大的影响。在现代社会中，这个思想是否还有价值呢？我们是否还需要"无为"呢？答案是不容置疑的。老子的"无为"思想包含着对人与自然相互关系的深刻理解，包含着对社会的有益启示，它要求人们树立一种超脱的忘我的思想境界，无私无欲，利于他人。因而，老子的"无为"思想不仅有存在的价值，而且需要继续发扬。

道广似海，博大精深

老子认为，道体是虚空的，然而作用却不穷竭。其深厚博大的情况，好似万物的宗主。它不露锋芒，它以简驭繁，在光明的地方，它就和其光，在尘垢的地方，它就同其尘。不要以为它是幽隐不明的，在幽隐中，却俨然存在。

老子说过：显明的东西来自看不见的东西，有形来自无形，精神来自大道，万物起自形体，所以九窍的动物胎生，八窍的动物卵生。他们生下来的时候没有形迹，死后也无局限；没有出来的门户，也没有静息的归宿。他们站立的地方正是天地的中央，四面通达，广博而自在。顺应"大道"的人，四肢强壮，思虑通达，耳聪目明，不以忧愁苦其心，一味顺应万物。若没有至道，天就不能高大，地就不能广博，日月也不能运行，万物更无法壮大。此外，学问渊博的人不必有真知，辩论的人也不必有智慧，因为这些都是被圣人摒弃的东西，只有那增加了的并不见得增加，减损了的也不见得减损的大道，才是圣人所珍贵的。

庄子后来补充说：道之深，像大海一样，反复推送永无止境，运转万物永不疲乏。与此相比，君子之道只不过是一些皮毛啊！像这样被万物所依而不觉疲乏的，就是至道。

道是有广度的。学问既渊也博，必然是出神入化。宋代设了童子科举考试制度，专考 15 岁以下的儿童，如果谁考上了，就赐他"五经出身"，就称他为神童，但这种考试主要是背诵。宋神宗元慧七年四月初，礼部童子科试中，饶州一个八岁的儿童朱天赐，《周易》《尚书》《诗经》《周礼》《礼记》《论语》《孟子》七经，他全部能背，而且通篇无一字错误，所以赐他"五经出身"的名号。

老子是一位真正的智者，他教人无为、无我、居下、退后、清虚、自然……他的思想乍看很难让人接受，因为一般人只能看到事物的正面，而老子却看到了反面；一般人只能看到事物的外表，而老子却看到了内涵。老子的思想扩大了人类文化的广度，增加了深度和韧性，在这个科学发达，物质丰裕的社会，人们对生活不但不能感到满足，反而觉得精神空虚和痛苦。老子的思想，是中国古代哲学思想的代表。老子的思想，增加了中华文化的广度和深度，同时，也增加了中华文化以柔克刚的韧性。

天地不仁，圣人不仁

天地不仁，是说天地无私，在天地看来，万物都是一样的，没什么区别。

老子告诉我们圣人不仁，以百姓为刍狗，而不是像儒家中把圣人完美化。你也许会说，这是不是又和《老子》第四十九章中"圣人无常心，以百姓心为心"一段相矛盾呢，其实不然，得民心者得天下，圣人是善于顺应民心的。

天地不仁，就是天地的大仁之处。很多人听到这里就又不明白了。怎么不仁，反而就是大仁了？是的，正因为不仁，看待万物都是如一，所以才是真正的平等、公正，所以才是真正的大仁。

"天地不仁""圣人不仁"这些令人困惑的言辞，庄子解释得极为清楚，其意为：①老子一贯的道观：道为万物之上，其运行时，无私又公正，与基督教所谓的上帝迥然而异。站在中立的立场来说，道似科学之铁面无私，毫无人情可谈。②老庄认为：道对万物皆有仁。在庄子的作品中，孔子的"仁义之教"常在有意无意间遭到他的假攻击。因为，在无善的世界里，不知那是"仁"，却要人们行"仁"，亦不知那是"义"，却要人们行"义"。③庄子强调人类的真爱，优于孔子所说"局部的人伦之爱"。

老子认为：天地无所偏爱，任凭万物自然地生长，既不有所作为，也不经意地去创造，因此它对于万物的生生死死，好比祭祀时所用的草扎成的狗一样，用完以后，随便拆除，随便抛弃，并不去爱惜它。同样的道理，圣人效法天地之道，把百姓看作刍狗一样，让百姓随其性发展，使他们自相为治。天地之间，实在像一具风箱一样啊！没有人拉它，它便虚静无为，但是它生风的本性还是不变的；若是一旦鼓动起来，那风就汩汩涌出了。天地的或静或动也是这个道理。我们常以自己的小聪明，妄做主张，固执己见不肯相让，实在说来，言论愈多，离道愈远，反而招致败亡，倒不如守着虚静无为的道体呢！

庄子一向认为，大道是不能称述的，大辩是没有言论的，大仁的仁爱是无心的。因为，道要是能够说出来就不是真道，辩要是有了言论就不是大辩，仁要是固守一方就不是真仁。他在《齐物论》中讲了一个商朝太宰荡向庄子问仁的道理的故事：

庄子说："虎狼也有仁道。"

太宰荡答："这话怎么说？"

庄子回道："虎狼父子相亲，不就是有仁吗？"

太宰荡说："虎狼相亲的仁太浅了，请问至仁是怎样的呢？"

庄子说："至仁没有'亲'的关系。"

太宰又问:"我曾经听说,不亲就是子不爱父,子不爱父便是不孝;至仁会是不孝吗?"

庄子答道:"不是的。你所说的孝不足以说明它的涵义。事实上,这并不是孝不孝的问题,而是比孝还要高的境界。"

如果只给天生丽质的人一面镜子,而不告诉他,那么他仍然不知道自己美。但是,说他不知,他似乎又有所知;说他不曾听别人谈过,似乎又有所耳闻。因此,他的美没有减损,人们对他的喜爱也永无止境,这乃是本性使然。

圣人爱人,是别人为他形容的;要是不告诉他,他就不知道自己的行为是爱人。但是,说他不知,他似乎又有所知;说他不曾听别人谈过,似乎又有所耳闻。因此,他的爱没有减损,人们安于其爱也永无止境,这同样也是本性使然。

绵绵若存,用之不勤

本句的意思是:道的体至幽至微,连绵不绝地永存着,而它的作用,愈动愈出,无穷无尽。老子认为:虚无而神妙的道,变化是永不穷竭的。它能产生天地万物,所以称作"玄牝"。

老子的整个哲学体系的核心范畴是"道",提出了天道无为的思想,反对天道有知的宇宙观。在老子以前和老子的时代,人们认为天是有意志的,是最高的神,可以主宰万物,人世间的一切都是由它决定的。老子经过考察、了解自然界的变化,认为天只不过是一种物质,它没有意志,不能主宰人世间的吉凶祸福,"道"才是天地万物的本源。

"道"在老子的心目中是无形、无象、无体的,是世界万物的本源,"道生一,一生二,二生三,三生万物"。他又强调说:"人法地,地法天,天法道,道法自然。"即人以地为根据,地以天为根据,天以道为根据,道以自然为根据。这就进一步指明,世间万物的生长、发展、变化,都是受自然规律约束的,并不是受上天的意志支配的。老子用物质的自然之道,否定了天或上帝这个造物主的存在,从而使天神的绝对权威被摧毁。

但,天地四方虽浩大无比,却从未离开大道而独存;秋天兽类刚生的毫毛,虽微小至极，却能依靠大道而自成形体。由此可知天下万物浮沉变化，不会永远都是那样的。

老子认为，客观事物不是孤立地存在的，而是彼此互相联系，互相依存对立着的两个方面。他说："有无相生，难易相成，长短相形，高下相倾，声音相和，前后相随"，就是说有与无、难与易、长与短、高与下等等，都是对立统一的，失去了这一方另一方也就不存在。他还看到事物的发展都是向着相反的方面转化的，故而他提出了"反者，道之动"的命题，"祸兮，福之所倚，福兮，祸之所伏。"祸中包含着福，福又含有祸的因素，它们可以互相转化，祸可以变成福，福又可以变成祸。从这一原则出发，他主张"知其雄，守其雌""知其白，守其辱（黑）"。反对刚强和进攻，他说："草木之生也柔脆，其死也枯槁。"认为守柔处下，以弱胜强，以柔胜刚，这样才可避免败亡。老子发现了事物的矛盾性，也认识到矛盾的双方可以互相转化。但他却忽略了转化的条件，以及对立面的斗争在转化中的作用，以至于把转化看成是周而复始的循环运动。这反映了老子思想的局限性和片面性。

道学哲学家认为：道是宇宙间一切生命和物质之源，是自然法则的化身。《老子》一书认为："道"柔弱，是"先天地生"而"为天下之母"。天下最柔弱的莫过于气，气乃水之升发的最高形态；又是大地化生之本。"道"还象征着宇宙。应该指出的是：老子的道之柔弱与庄子的"通天下一气耳"之道，都是阐释宇宙原始之气（老子的道，还象征宇宙）。只是老子的道过于神秘，而庄子的道又过于单纯直露了罢！

第三章　老子论水

老子说："上善若水，水善利万物而不争，处众人之所恶，故几于道"。这里实际说的是做人的方法，即做人应如水，水滋润万物，但从不与万物争高下，这样的品格才最接近道。尽管从总体上看，老子的处世哲学是消极、无为的，但如果剔除其消极成分，细细品味水的品性，我们还是能够从中发掘或引申出有益的道理或原则的：

1. 守拙。水是万物之源，论功勋当得起丰碑万座、颂辞千篇了，可它却始终保持一种平常心态，不仅不张扬，反而"和其光，同其尘"，哪儿低往哪儿流，哪里洼在哪里聚，甚至愈深邃愈安静。此等宁静和达观，是很多人难以企及的。这的确是一种"无为"，但不是对"大我"的无为，而是对"小我"的无为，是在个人利益上的无为。

2. 齐心。水的凝聚力极强，一旦融为一体，就荣辱与共，生死相依，朝着共同的方向义无反顾地前进，所以李白有"抽刀断水水更流"的慨叹。因其团结一心，水威力无比：汇聚而成江海，浩浩森森，荡今涤古；乘风便起波涛，轰轰烈烈，激浊扬清。

3. 坚韧。水至柔，却柔而有骨，信念执着追求不懈，令人肃然起敬。九曲黄河，多少阻隔、多少诱惑，即使关山层叠、百转千回，东流入海的意志何曾有一丝动摇，雄浑豪迈的脚步何曾有片刻停歇；浪击礁盘，纵然粉身碎骨也决不退缩，一波一波前赴后继，一浪一浪奋勇搏杀，终将礁岩撞了个百孔千疮；崖头滴水，日复一日，年复一年，咬定目标，不骄不躁，千万次地"滴答""滴答"，硬是在顽石身上凿出一个窟窿来，真可谓以"天下之至柔，驰骋天下之至坚"。

4. 博大。"海纳百川，有容乃大"。水最有爱心，最具包容性、渗透力、亲和力，它通达而广济天下，奉献而不图回报。它养山山青，哺花花俏，育禾禾壮，从不挑三拣四、嫌贫爱富。它映衬"荷塘月色",构造洞庭胜景,度帆樯舟楫,任劳任怨,殚精竭虑。它与土地结合便是土地的一部分,与生命结合便是生命的一部分,但从不彰显自己。

5. 灵活。水不拘束、不呆板、不僵化、不偏执,有时细腻,有时粗犷,有时妩媚,有时奔放。它因时而变,夜结露珠,晨飘雾霭,晴蒸祥瑞,阴披霓裳,夏为雨,冬为雪,化而生气,凝而成冰。它因势而变,舒缓为溪,低吟浅唱;陡峭为瀑,虎啸龙吟;深而为潭,韬光养晦;浩瀚为海,高歌猛进。它因器而变,遇圆则圆,逢方则方,直如刻线,曲可盘龙,故曰"水无常形"。水因机而动,因动而活,因活而进,故有无限生机。

6. 透明。虽然也有浑水、污水、浊水甚至臭水,但污者、臭者非水,水本身是清澈、透明的。它无颜无色、晶莹剔透;它光明磊落、无欲无求、堂堂正正。惟其透明,才能以水为镜,照出善恶美丑。人若修得透明如水、心静如水,善莫大焉。

7. 公平。水不汲汲于富贵,不戚戚于贫贱,不管置于瓷碗还是置于金碗,均一视同仁,而且器歪水不歪,物斜水不斜,是谓"水平"。倘遇坑蒙拐骗,水便奔腾咆哮,此乃"不平则鸣"。人若以水为尺,便可裁出长短高低。当然,以上只是水的部分优秀品格,还不是全部。但是,不论水有多少值得我们学习的东西,其最根本的就是一条:"善利万物而不争"。

天长地久,承载万物

老子说:

"天长地久。天地所以能长且久者,以其不自生,故能长生。是以圣人后其身而身先,外其身而身存。非以其无私邪?故能成其私。"

意思是说:自古至今,天还是这个天,地还是这个地。天地所以能长且久的缘故，乃因它不自营其生，所以才能长生。圣人明白这个道理，所以常把自身的事放在脑后，但是他的收获却远超出他的本意。这还不是因为他遇事无私，故而才能成就他的伟大吗？

关于这个观点，庄子的理解是：覆载万物的道何其伟大啊！君子不抛弃主见是体会不出的。抱着"无为"的态度去做，便称为"天"；以无为的言辞来表达，称做"德"；爱人无私，施恩万物，叫做"仁"；视不同的万物为同体，称为"大"；行为没有形迹，叫做"宽"；具备所有事物的不同点，便称为"富"。因此，持守的大小事物有顺序便是有"条理"；纲纪既行便有"力"；顺应大道，则有"备"；不因外物而动心挫志，就是"完人"了。君子一旦明白了这十种道理，其心便能包容万物而无所遗漏。到时，他宁愿把金子藏在深山，珠宝藏在大海里，也不会借重它去求利的。此外，他不会再苦心求取富贵，更不喜欢长寿，不哀伤夭折，不以显达为荣，不以穷困为忧，不把世俗的财利占为己有，不认为君临天下是自己的荣耀。因为，当他忘掉物我的分别，与万物同归于一时，生死荣辱对他而言便没什么不同了。

老子画像

四时有不同的季节，天不偏私去改变它，所以才能完成一个周年；百官有不同的才能，国君不偏爱哪一人，所以国家才能太平；文武才俊之士的名衔，不是百官所赐，所以德性才能具备；万物有不同的条理，因为无私，所以大道才没有称谓；没有称谓，所以能无为，能无为也就无所不为了。

张松如在《老子校读》中说：老子以天道推论人道，要人效法天道．"天地"一词说明天道的关系。天地是指客观存在的大自然而言，自然界的一切事物只须依照客观的发展规律运动生长好了，不再需要任何主宰者驾临其上来加以命令安排。后来只是把"天长地久"作为一个"长久"的时间概念来用。

水利万物，不争于世

若对照研究老庄的著作，不难发现老庄二人最大的不同点就是"不争"的观念。老子最有代表性的学说是不争、谦恭、涵养及就低位（如水），他曾利用不少篇幅来谈论。然而，要在庄子的作品中找到和这个相同的观点，不但不容易，甚至可说是不可能。所以人们常误以为庄子此名家更强调雌性的精神。其实，庄子以"水"作为柔弱，就低位等智慧的征象，也正是庄子口中所说的"精神宁静"。

"不争"，是老子哲学的中心思想之一。而水则是老子的崇拜。在这一段话里，老子把"水"捧上了天——"几乎道"了。因此，他希望人类的思想和行为要最大限度地向水靠近，中间的七个"善"字，说得非常清楚：居住要像水那样随遇而安，心胸要像水一样深不见底，交往要像水一样顺其自然，言谈话语要像水一样真诚重信，管理要像水一样有条有理，办事要像水一样发挥能力，行动要像水一样抓住时机。而所有这一切，都是在"不争"中做到。就是因为"不争"，所以才不会有过失——"夫唯不争，故无忧"。做到这一点，称作"上善"，乃是最高境界。

老子的"不争"，实在是最为高明的"争"法。这一点，在老子的另外几句话里得到了验证，这几句很精彩，说："善为士者，不武。善战者，不怒。善胜敌者，不与。"由此可以看到，老子的心里有着很强烈的"争胜"的概念。只不过在老子看来，最高明的取胜者，是靠"不争"而获得的。比起"不战而屈人之兵"，又高一筹。

"水"的境界，看起来容易，实际上要达到几乎是"难于上青天"。为什么呢？因为水实在是一种外柔内不柔的自然造化。"天下莫柔弱于水，而攻坚强者莫之能胜，以其无以易之。"我们不说"外柔内刚"是因为水的内部也未必是"刚"的，甚至外部的"柔"也不绝对。譬如洪水。最能形容水之能量的恰恰是第二句：水善利万物而不争。水之所以不争，是因为它能够"善利万物"，这样一种因果关系，在老子的原文中很难读出来，但是只要认真的想一想，便会发现，只有这个因果逻辑才能使老子这整一段话变得更为完整和容易理解。所以从另外一个角度，老子实际上并不是在鼓励人们与世无争，而是在激励人们奋发向上，达到"善利万物"的境界，到那个时候，你就勿需再争了也。

但是，"不争"是有条件的，这个条件就是你必须要经过几乎一辈子的奋斗，虽然也未必能够达到"不争"的水平，但是总还有享受"不争"的希望。如果你根本没有奋斗，你就自然不会出现《道德经》第九章所说的："金玉满堂、富贵而娇、功随身退"等诸多问题，而在这种前提下，你又能够视其他人比你优越和丰富的精神生活（表面上）和物质生活而不见，无动于衷，仍然能够享受"不争"的幸福，你就差不多达到了老子所说的"道"的境界。

富贵而骄，自遗其咎

老子认为：若是自满自夸，不如适时而止，因为水满自溢，过于自满的人，必会跌倒。若常显露锋芒，这种锐势总不能长久保住；因为过于刚强则易折，惯于遥人，必易遭打击。金玉满堂的人虽然富有，但却不能永久保住他的财富；而那持富而骄的人，最后必自取其祸。只有功成身退，含藏收敛不自满、不自骄的人，才合乎自然之道。

"自满的人学一当十，虚心的人学十当一"。自满的人学了一点东西就到处炫耀，以为学了很多；虚心的人学了很多知识但仍不满足，希望学到更多。一个演员的学识、表演技艺需要积累，积累的越丰富，运用起来则越准确、自如，即人们常说的"厚积薄发"的道理。

在一个寺院里，一个师傅教了很多弟子，其中一个弟子认为自己十八般武艺都学会了，就提出要下山。

师傅问他："你什么都学会了吗？"弟子很坦诚地答道："我什么都学会了。"这时，师傅就对他说："请你把厨房里最大的木桶提出来，装满石头。"弟子很快把桶提出来装满了石头。师傅问他："装满了吗？"他自信地说："装满了。"师傅用手一指说："请你到外面的一堆沙子面前，看能不能再往桶里装一些沙子？"弟子就提着装满石头的桶去装沙子，沙子从石头缝隙里漏下去很多。他把桶又提到师傅跟前说："师傅，这次真的装满了。"师傅问："是不是桶里面不能放东西了？"弟子说："桶已经这么满了，怎么能再装东西呢？"

师傅没有言语，走到厨房里舀了一碗水，对着桶慢慢地倒，一碗水很快地渗了进去。

这时，师傅对弟子说："你现在可以下山了。"弟子满脸愧色地说："师傅，我还有许多东西没有学，我现在不想下山了。"

学习是永无止境的，知识是一个人永不枯竭的力量源泉，是人类社会向前发展的巨大动力。生命追求完美，生命追求永恒，生命在永远不停息的追逐中延续，生命在永远不满的努力熠熠生辉。只有永远不满，才不会目中无人，才不会自以为是，才不会忘乎所以，目空一切；只有永远不满，才不会陶醉于已经取得的成就，才不会被涌来的金钱、地位、名气所湮没，才不会在胜利的喝彩声中飘飘然、昏昏然。屈原的"路漫漫其修远兮，吾将上下而求索"，这是一种永远不满；爱迪生一生发明成果上百，直到离世前几分钟，手中还拿着一张尚未设计好的图纸，这也是一种永远不满。人，对于知识、对于事业应永远不满，但在生活上应知足者常乐。当一个人对名利、欲望永远不满，就会走向贪婪，走向堕落，走向毁灭。

庄子的《让王篇》也讲了一个故事：

楚昭王弃国逃亡，屠羊说也跟着昭王出走。昭王返国，要奖赏跟从他的人。但是等到找到屠羊说的时候，屠羊说却说："大王失国的时候，我放弃了屠宰的工作。现在大王回国，我的工作已经恢复，又何必说什么奖赏呢？"昭王坚持要他接受。

屠羊说又说："大王失国，不是我的罪过，所以我不该接受诛罚；大王返国，也不是我的功劳，所以我也不敢接受奖赏。"昭王便宣召他进宫相见。

但是，屠羊说拒绝了，并且说道："楚国的法律是必定要有特殊功劳的人才得晋见大王的，现在我的才智不足以保卫国家，勇力又不足以消灭敌人，怎敢妄自觐见大王呢？而且，当吴国军队入侵郢都的时候，我因为害怕而逃避他乡，并不是有意追随大王的。如今大王要废置法律召见我，实在是很不合理的啊！"

生而不有，为而不恃

"生而不有，为而不恃"的意思是：生长万物而不据为己有，兴作万物而不自诩自己有能力。老子说：你能控制躯体，心志专一，使精神和形体合一，永不分离吗？你能保全本性，持守天真，集气到最柔和的心境，像婴儿一样的纯真吗？你能洗净尘垢、邪恶，使心灵回复光明澄澈而毫无瑕疵吗？你爱民治国，能自然无为吗？你运用感官动静语默之间，能致虚守静吗？你能大彻大悟，智无不照，不用心机吗？这些事如果都能做到的话，便能任万物之性而化生，因万物之性而长养。生长万物而不据为己有，兴作万物而不自恃己能，长养万物而不视己为主宰。这就是最深的"德"了。

老子认为，人的本性无知无欲，无所作为，人生的目的，就在于保全人性的天然状态，主张人应回到"无知无欲"的婴儿状态中去，人应完全顺应自然。这就是所谓的无善无恶论。

近代也有很多人认为，人性本是有善有恶的，善出于性，而性中有情，情中有恶。

其实，人之初并没有善也没有恶，而是"空"。如果说性本善，它善在那里呢？是单纯？单纯并不代表是善良，它只是无知。如果说性本恶，它恶在那里呢？欲望？除了本能之外，一切的欲望都是在出接触这个世界后才产生的。人一出生的思维只有本能，并没有善与恶，一切的善恶好坏都是接触了外界之后才产生的。对于人性，亦是如此。人本无"性"，你生活在什么环境里决定着你的"性"的善恶。正如"近朱者赤，近墨者黑"！善与恶本来是一对意义相反的形容词，对整个人类的生存与发展有积极作用的行为。

还是一句老话，请用真心对待身边的一切，就像谈恋爱，你不付出，也就没资格接受别人的付出，如果一对情人都是如此的想法，那根本走不到一起。所以，用谈恋爱的心关心一切，或许真会有意想不到的收获，到时就会真正理解生活真美好的意义。

有之以为利，无之以为用

老子说：三十根车辐汇集到一个毂当中，有了车毂中空的地方，才有车的作用；否则车轴便无处安插，车也不能转动了。糅合陶土成为器具，有了器皿中空的地方，才有器皿的作用；否则器具便失去了用处，连一点东西也不能包容。开凿门窗建造房屋，有了门窗四壁中空的地方，才有房屋的作用；否则也就毫无用处可言了。

如果明白这种道理，就知道"有"给人便利，"无"发挥了它的作用；真正有用的所在，还是在于虚空的"无"。

由三十根辐条和一个车毂构成的一个车轮，只有当车轮不再仅仅作为一个车轮而存在的片面有限的存在形式，而作为车子的一部分时才能实现其自身存在的功能与价值。只有当粘土否定超越不再仅仅作为粘土，当粘土作为器具这一存在形式时，粘土才发挥了其自身存在的功能与价值。所以，当人们把片面有限的具体事物只当作片面有限的具体事物看待时，这些片面有限的事物也就只能是一些有待加工利用的对象，他们充其量只是有待实现潜在的价值。只有当人们否定并取消这些片面而有限的具体事物的片面有限性而赋予它们以实践的普遍无限的存在形式时，这些事物才能获得直接现实的价值。

有和无，利与用。最难理解的还是这个用字吧。有之，既存的，使之有，创造（条件），是为了便利，是创造了一条路径；无之，创造空间，留出余地，是为了发挥作用，使之得以实现。

　　合起来说，既存的条件，或者先在的"有"（机会、优势、基础……），是为了得到便利，使得目标的实现有所依赖，获得一定基础（但却未必是决定性的力量）；真正使目标得以实现，效用得以发挥，能力得以展现的，是发挥作用和能力的环境，而这环境，往往是由于存在一定的不足，或者具备一定发展的余地，或者是更为深广的"无"。

　　多数情况下，我们都习惯于依赖既存的种种便利，以为这是通向成功的捷径，却忽略了这些便利不过是一系列可以利用的条件罢了；真正可以有所作为的，恰是一定程度上的不足、有待改进的地方或者一个"一无所有"的环境。即是说，"有"让事情变得便利、有利，视情况更利于自己，故可以借助它，而"无"作为一种承载体，一种进深与空间，为自己的发挥和目标的实现创造出可"用"之境。

　　"有"和"无"，内容与容器，实与虚。有一副对联说得好：有志者事竟成，破釜沉舟，百二秦关终属楚；苦心人天不负，卧薪尝胆，三千越甲可吞吴。放弃了"有"，反而激发了"无"的空间，使得效用得以加倍。

　　当然，"有"和"无"应该有明智的取舍，关键是把握"利"与"用"。需要"用"的时候则应注重"无"的创造，需要"利"的时候便注重"有"的借助，毕竟能够适时的创造条件也是实现目标的重要途径。

老子画像

　　再深一步思考，其实老子的理念里面更多的还是在更宽广的层次面对问题。"有"作为实体的固定的存在，在变化的环境和情况中往往是难以依赖始终的。"无"，既是放弃对"有"依赖的一种舍弃，更是面向环境的一种适应性态度。借助环境，利用环境发挥自己，在牺牲固有优势的同时，却获得更为宽广的出路。甚至可以说，退一步，创造出"无"的状态，以暂时的劣势和失败换来新的转机。

　　"无"，是更为广阔层面的借助和发挥，以自由的力量超越了"有"。老子发现了具体的实在的"有"的不确定和虚无，发现了"有"的短暂与变化，于是也就发现了"无"的空间与力量，从而将对立二者间的转化推向了极致。最为对立的"无"和"有"，也同样是转化和同一的，于是奠定了"弱者道之用，反者道之动"这一老子最终思想的基本理念。

　　借助"有"而不迷信"有"，利用"有"的同时也能做到不为"有"所束缚，借助环境，从更高的层面上把握大局，从而获得"无"的力量，获得自由的力量。

　　庄子也在《外物》篇讲了一个故事来阐明这一点的：

　　惠子对庄子说："你所说的话毫无用处可言。"

　　庄子回答说："知道无用就可以和他谈有用的道理。广大无边的地，人所使用的，不过一块立足之地而已，其余没有用到的地方还多着呢！若将立足以外之地尽掘到黄泉，那么对于那块有用的地而言，还有用吗？"

　　惠子道："没有用了。"

　　庄子说道："那么没有用处的用处不是就很明显了！"

　　脚所踩的地方虽然只是像鞋那么大的一块地，但他还必须靠他没有踩着的地方继续远行。

宁取质朴，不求奢华

　　老子认为：过分追求色彩的享受，终致视觉迟钝，视而不见；过分追求声音的享受，终致听觉不灵，听而不闻；过分追求味道的享受，终致味觉丧失，食而不知其味；过分纵情于骑马打猎，追逐鸟兽，终致心神不宁，放荡不安；过分追求金银珍宝，终致行伤德坏，身败名裂。可见，圣人的生活，只求饱腹，不求享受；宁取质朴宁静，而不取奢侈浮华。主张摒弃一切外物的引诱，以确保固有的天真。

庄子认为，丧失天性的五种要素是：一为五色，它迷乱了众人的眼睛，使他们所见不明；二为五音，它迷乱了众人的耳朵，使他们的耳朵不聪；三为五臭，它熏迷了众人的鼻子，使他们鼻塞不通而伤到额头；四为五味，它污浊了众人的口舌，使他们食不知味；五为欲望，它混乱了众人的心扉，使得他们心情浮动而急躁。这五种因素扰乱了我们的生活，而杨朱和墨翟还认为这是有"得"的表现。但是他们口中的"得"，并非我所说的"得"，因为有"得"就有"困"，这样的"得"可以称为"得"吗？如果是的话，那被人养在笼中的斑鸠和鹗鸟，也可以说是"得"了。如果一个人的内心为声色欲望所塞，形体为皮帽、鹬冠、插笏、大带、长裙所束，还自以为得，那么被反绑臂指的罪人和困于笼中的虎豹，也可以说是自得了。

道家崇尚自然的真正旨意，首先就在于要求人类顺应"自然之道"，返璞归真，以"自然""无为"作为社会、人生的理想状态。老子说："人法地，地法天，天法道，道法自然。""道"是最高的本体，人、地、天都要效法"道"，但"道"的根本特性又是"自然"，所以人、地、天效法"道"最终又归于效法"自然""自然"是"道"及天地万物的根本精神之所在，所以老子又说："道之尊、德之贵、夫莫之命而常自然"。

道家所尊崇的自然，既指大自然的天然状态，又指由此引申出的顺其自然、自然而然的境界。道家人物都十分喜爱大自然，整部《老子》《庄子》及陶渊明的诗等等，都充满了对大自然的赞颂、对和谐、纯朴、壮阔的自然之美和自然万物生机勃勃的生命力的由衷向往。在道家看来，与这种大自然相比，人类社会已经越来越失去了纯朴天真美好的自然品性，造成了种种丑恶和祸害，特别是看到人间的巧伪权诈、浮华奢侈、贪欲暴虐、厚颜无耻，真让人无限厌恶。而造成这一切的根本原因是由于人类一步步远离了自然之道，老子说："失道而后德，失德而后仁，失仁而后义，失义而后礼"。所以他们要求人们学习大自然的纯朴和谐，让一切事物都回复到其原始的自然状态，让事物显示其本来的面目，让人们保持质朴的天性，这就是返璞归真。他们认为，矫饰仁义、滥用礼乐、卖弄智巧，如同骈拇枝指、附赘悬疣，不合于自然之道。更有甚者，以钩绳规矩削性、以缫索胶漆侵德，这些皆有害于人性的正常发育，于社会人生无补，不如各顺其性命之情，让其自然而然地成长发展。

宠辱不惊，无心胜人

老子说：

"宠辱若惊，贵大患若身。何谓宠辱若惊？辱为下，得之若惊，失之若惊，是谓宠辱若惊。何谓贵大患若身？吾所以有大患者，为吾有身，及吾无身，吾有何患？故贵以身为天下，若可寄天下；爱以身为天下，若可托天下。"

上面这段话的意思是说：宠辱都会患得患失，大贵更有可能大患缠身。怎么说宠辱都会患得患失呢？宠幸也是一个低级欲望，一旦得到便惊喜有加，一时失掉，便又为之惊惧，此便是宠辱都是惊恐有加。怎么大贵如大患缠身呢？因为我们总是忧患自身，所以我们才会总是觉得患得患失。但是如果我们不顾自身，我们会有什么忧患呢？因而，能以自身为天下者，我们便加以把天下委托给他，喜欢以自身力量为天下者，我们才可以把天下托付于他。

"宠辱若惊，贵大患若身"是老子最经典的话语。从生理上讲宠辱若惊的心态会造成大量能量的遗失，很不自在。所谓"宠辱若惊"，就是你受宠或受侮辱的时候，你都会惊恐不安。"辱为下"，受人家宠，比如乾隆对和珅非常宠爱，和珅就得卑躬屈膝的，他在下面。但这两个是两种层次内涵不一样。"宠为下"是在高层次的，是被另外一个有资格有能力的人宠爱的时候，你的地位会增高。"辱为下"，你是被人家辱骂、排挤、迫害，你的地位非常低下。所以"宠为下"也为对。这两个版本只是字换了一个。这句话表明我们在人道上得到别人的信任之后，内心当中也会惊恐惊慌。

从修行上讲是我们的心态不要认为自己修出来一点东西就高兴,这个惊就是高兴的惊慌。还有些人一修炼,往那里一坐心烦意乱,看到了是害怕的东西,会感到浑身冰凉,感觉到有一种阴森森的东西来了,这都是在境界当中看到的,这时也会惊慌。

清静的时候得到的一点东西也惊慌,不清静的时候得到的东西也惊慌,这就是我们内心当中六根有得失,也表明我们这些凡夫俗子有得有失。不光在人道上有惊慌,在修行上也有惊慌。别人讲话正好对你的心路就高兴,别人讲得话不对你的心路就烦,烦的时候心就会怦怦地跳,那种跳还不是我们正常的,是非正常的跳,所以都叫惊慌。所以受宠若惊表明我们的六根不是稳定的。

老子的人生观在这里看得非常清楚了,说自己懂得天下的道理,什么都明白,但是现在自己还有一个大患,大患是自己有这么一个身体,这个"吾"是第二人称的我,是小我,为什么不说"大我"的"我"呢?因为那个"我"是清静的我。若没有这个皮囊,我没有什么大患,没有什么失与得呀!这是老子的感慨!他写到《老子》第十三篇的时候,就写出了心里话:如果我的六根、六识都能清静的话或者说我已经达到了这种不惊不恐的情况,但是我还是有一个大患,因为我还有身体在这儿,有了身体就有患得患失。如果没有身体,我就自在了,这是老子发的感慨。

从修行上来讲,之所以有大患,因为这个"吾"是四大假和合产生的这个肉体,所以这个肉体就会遭受三界五行的控制,还有我们在人道上有生老病死的大患呀。如果我们大灵脱体之后,难道还有什么灾难吗?!吾身里头的圣人,如果这个圣人脱体之后大患就没有了,这个皮囊就不要了,不在受三界五行控制了,火宅已经脱离了,在宇宙当中就自在了。心经里头舍利子,大灵出来了舍掉了这个皮囊,并不是说舍利佛呀,那跟舍利佛正好巧合,字面叫着舍利佛,密意叫着舍利子,就是舍掉这个皮囊。

人活在世上,无论你是一种什么样的信仰,都很难说是为自己而活着,爱财之人为财而活着,爱虚荣之人,每天看着别人眼神,总怕别人对他不够重视,这样的人活得物化,虚幻化,这样的人生,不是可悲,可叹,可怜么?

每一天,我们都在哀叹着自己的不幸,若是自己不是那么的得之若惊,失之若惊，我们便能天天自得其乐，有天下同乐。为天下喜忧而动，便不会以一己之身的得失而郁郁不欢。

大道无形，只可神会

老子说：看不见的叫做"夷"，听不见的叫做"希"，摸不着的叫做"微"。道既然看不见、听不到、摸不着，又如何去刻画它的形象呢？所以它是混沌一体的。这个混沌一体的"道"，按高处说，它并不显得光亮；按低处说，它也不显得昏暗。只不过是那样的幽微深处而又不可名状，到最后还是归于无物。这叫没有形状的"形状"，没有物体的"形象"，也可称它为恍惚不定的状态。你想迎着它，却看不到它；想随着它，也望不见它。乘着这亘古就已存在的道，就可以驾驭万事万物，能够了解这亘古就存在的道，就知道"道"的规律了。

只有顺应事物发展规律，真正把握住时代的脉搏，才能换来风调雨顺、国泰民安的祥和环境，此为"大道无形"；以德服人，而不以暴施政，能够让万民萌生敬畏之心、之情，这叫"大德有威"。最早发现"道"的国家，却不懂得如何"顺其道而行之"；最早推行"德"的民族，却弄不清"重积德则无不克"的原理。"失道"预示着天灾，"失德"带来的是人祸。天灾与人祸，这两种不吉祥的事物，是天、地、人三者相互作用的结果，是"道"与"德"沦丧的必然归宿。中国社会是这样，自然环境也是如此。

道的存在模式

老子认为道的存在模式有下面两种：

1. 独立、不改、整一。"独立不改"（《老子》第二十五章）。所谓"独立"就是指道的自立性与其他无关性。道除了物之外，因道与物本就是一体的，它与其他就没有什么关系，从根本上说，也就没有什么其他与之发生关系，如神的旨意，神的掌握等等，道就是物质中的唯一的存在。所谓不改就是指道是永恒的，永恒运动着的存在。例如他提出："天得一以清，地得一以宁""是以圣人抱一为天下式""混而为一"等等。"整一"是老子对道的另一理解，而且这个"一"，不是分散的"一"，而是一个整体的"一"，独一无二的"一"。

老子的这些宇宙观对不对呢？从现在的自然科学和哲学研究来看，老子的宇宙观是完全正确的。整个宇宙的自然规律就是独立不变的。所谓独立性是指它并不受谁的支配指使，不是像宗教神论那样说，是上帝或神的意志的安排。万物都是在普遍的自然法则中一级一级地建立起来的，宇宙是一个整体，是一个巨大的系统，道就存在于这个巨大的系统中。宇宙自然为一，道也为一。整体的一个是宇宙的存在的模式，也是道的存在模式。

2. 无与有的统一。老子说：道的虚无，是道开创天地的开始；道的实有，是道滋生万物的母亲。因此我们可用永恒虚无去观察道的无穷奥秘的变化；用实有去观察道所显示出来的万事万物的各种形象。有和无这两者，都是道的体现，只不过叫法不一样而已。两者都很深奥。它是我们认识宇宙自然的最根本的道理，是我们去打开宇宙大门的钥匙。

对道所表现出的有和无统一的特性，分别作出了十分生动的描述还有其他的章节。如老子在十四章说："视之而不见名曰夷，听之不闻名曰希，抟之不得名曰微。此三者不可致诘，故混而为一。其上不曒，其下不昧，绳绳不可名，复归于无物，是谓无状之状，无物之象，是谓忽恍。迎之不见其首，随之不见其后"。这一段老子对道的具体描写的意思是：如看不见，听不到，摸不着；前面不见头，后面不见尾，上下也分不清，只觉得好长好长，好像是有形的，又好像是无象的，总之恍恍惚惚，不可名状，只能说它是一种没有存在的虚无的东西。显然，老子在这段中主要强调的是道的"虚无"。

动物、风与心的寓言

独脚的兽羡慕多脚的虫，多脚的虫又羡慕没有脚的蛇，没有脚的蛇又羡慕风，风又羡慕眼睛，眼睛又羡慕心。独脚兽向多脚虫说："我用一只脚跳着走，说多方便就有多方便。现在你却有一万只脚可以使你用，真不知道你是怎么安排它们的?"

多脚虫回答说："你这话就不对了。你没有看过吐唾沫的人吗？唾沫喷出来的时候，大点像珠子，小点像细雾，掺杂而出，简直数都数不清，这都是出于天然的缘故。现在我顺着天机而动，自己也不晓得是什么原因。"后来多脚虫又向蛇说:"我用这么多脚走路，还不如你没有脚走得快，这是怎么回事?"蛇回答:"我顺着天机而动，要脚做什么?"

然后蛇又向风说:"我用脊背和两肋走路，还像有脚的样子，而你刮起风来从北吹到南，完全没有形体，这是什么缘故?"

风回答说:"不错，我刮起风来可以从北海吹到南海，但是却仍比不过人。人若用指头指我，我吹不断他的手指，人若用脚踢我，我也吹不断他的脚。我只能吹折大树，吹毁房屋而已。所以我是用小的失败来成就大胜利，这种大胜利只有圣人才能做到。"

实际上，道是在昭示一切，德是在承载道的一切。大道无言无形，看不见、听不到、摸不着，只有通过我们的思维意识去认识和感知它，而德，是道的载体，是道的体现，是我们能看到的心行，是我们通过感知后所进行的行为。庄子并没有把这篇寓言的后半部写出来；但是，我们仍不难看出他暗指风（也就是空气）在羡慕眼睛，因为视力和光线跑得比风还快。然而，心在刹那间越过时间，穿过空间，速度甚至比光更快，而其本身却是无形的。

心情宁静，心里明镜

老子说:若是致虚、宁静的功夫达到极致，以去知去欲。我们不难看出他们由无到有，再由有到无，往复循环的规则。虽然万物复杂繁多，到头来还是要各返根源。回返根源叫做"静"，也叫"复命"。这是万物变化的常规，所以"复命"叫做"常"。了解这个常道可称为明智。不了解这个常道而轻举妄为，那就要产生祸害了。了解常道的人无事不通，无所不包；无事不通，无所不包就能坦然大公，坦然大公才能做到无不周遍，无不周遍才能符合自然，符合自然才能符合于"道"，体道而行才能永垂不朽。如此，终身也就可免于危殆。这是道家虚静学说的体现，当"静"为道回返原始的形体时，动则为道暂时的表现。动静循环说，乃是道家的基本学理。

道家的“虚静”思想

"致虚极，守静笃。万物并作，吾以观复。夫物芸芸，各复归其根。归根曰静，是谓复命。"这是道家修道的原则和方法，离开此原则都不对。有些人想修道、学静坐，那便应该读懂此文，彻底了解真正的方法。其实，只要有个方法在，已不叫求静，而是求动。既然要放心打坐，那么你还再加个什么方法，那岂不更乱更忙吗？

《老子》及一切道家学神仙丹道的经论，合成《道藏》，有八千余卷之多，《老子》只是其中一卷，看是看不完的，就看你怎样加以融会贯通了。大概地说，八千多卷的《道藏》，根本离不开老子的六个字:"致虚极，守静笃。""虚"差不多等于佛家的"空"，有些道家丹经上干脆也用空，那是唐、宋以后丹书受了佛家影响的缘故。

"守静笃"讲的是功夫、作用，硬要你专一坚持地守住。且用先人的几句形容词:"如灵猫捕鼠，目睛不瞬，四足据地，诸根顺向，首尾直立，拟无不中。"意思是说：一只精灵异常的猫，等着要抓老鼠，四只脚蹲在地上，头端正，尾巴直竖起来，两只锐利的眼珠直盯即将到手的猎物，聚精会神，动也不动，随时伺机一跃，给予致命的一击。这是形容一个参禅的人，参话头，作功夫，精神集中，心无旁骛的情况。不这样做的话，道功就无法有大的成就。

禅宗大师们另外还有个比喻:"如鸡之孵卵"。这就不像猫捕老鼠，瞪眼张爪，蓄势待发了。而是闭着眼睛，迷迷糊糊，天塌下来都不管，你踢他一脚，他叫也不叫，理也不理，只是死心眼直守着那个心肝宝贝的鸡蛋。这样也是一种修定的功夫，也是形容虚到极点，静到极点，如同老子所说的:"致虚极，守静笃"这六字真言。这六字，已经把所有修道作功夫的方法，与修道的境界、层次，都说完了。世界上各宗各派、各式各样的修道方式，都是为了达到这个目的。

"万物并作，吾以观复。""作"是形容词，宇宙万物，山河大地，无时无刻不在变动，永无止境地发展创化。一直在动中，并没有静过，宇宙的表现，是一个动态的世界。每一个人都在不停地忙碌，每一根草都在生生不息地成长，这是一种道的作用状况。所有生命都在出生、生长、繁衍、死亡，这是合理的。"万物并

作"都在创造变化，活活泼泼朝向死亡之路走去。因此，庄子解释天地万事万物说："方生方死"。刚刚出生落地的那一天，就是死亡开始的那一天。一个小孩生下来满一个月，亲戚朋友高高兴兴来庆祝，而在前面的二十九天的生命现象已成为过去了。早已死亡。就算后来活一百年，但在前面的九十九年，也都已死亡，消逝得无影无踪。

故庄子说：至人的用心像镜子一般，物去了不送，来了也不迎，自然而然反射出"它"的影像，没有私毫的隐藏或偏见。所以它能够消除物与我的对立，应接万物而不被物所损伤。

阴阳五行，归根曰静

老子说，一切万物那么多彩多姿，"各复归其根"，他观察每一个生命，皆是依赖它自己的根本而活。草木无根，活不了的。人也有根，人的根在哪里？很多人一心求道，却是盲修瞎炼，拼命把丹田当作根，那是不对的；也有人误认为根在肚脐，更是离谱。肚脐只是未出生时和母亲接连一起吸收养分的通口而已，一落地就剪断了，怎么会是修道的根呢？人的根是在虚空，在头顶上。虚空就是我们的泥土，这就是人与万物不同之处。植物的根栽在泥土中，人与植物相反，根栽在虚空中。所以，道家讲修道，"还精补脑，长生不老"，此"精"不完全是指精虫之精，只是与精虫有连带关系。我们看中国国画，主寿的寿星老人——南极仙翁，他那个脑袋被画得比平常人高出一重来，叫做"寿头"。脑子也是智慧的渊源。所以，婴儿刚生下来时，头顶的囟门凹处，里面还是洞开的，与天根相接，在人的肉体生命来说，所谓"天根月窟常来往"，便指此处。等到此处封闭坚硬以后，他就慢慢开始会讲话，意识渐渐成长，天根便截断了。要修到还精补脑，长生不老，脑的内涵，就是指此"根"。这就是道家通常所说的："夫物芸芸，各复归其根，归根曰静，是谓复命，复命曰常。"

"归根"的唯一的方法，就是求静。"归根曰静，是谓复命。"能够静到极点，才能找到生命的本源，回归生命的根本。这个根是什么？是"虚、空"二字。"致虚极，守静笃。"在佛家则直截了当地告诉我们"空"。所谓空，也只是个形容词而已，千万别认为空就是没有，那就错了。"空"等于老子所说的"清虚"。那么，"归根曰静，是谓复命"，静到极点是怎样的一种状况呢？道家有两句话："虚空粉碎，大地平沉"，描述这个静到极点的境界。连空也要打破，才是真静。

上等国君，悠闲无为

老子说：最上等的国君治理天下，居无为之事，行不言之教，使人民各顺其性，各安其生，所以人民不知有国君的存在；次一等的国君，以德教化民，以仁义治民，施恩于民，人民更亲近他，称颂他；再次一等的国君，以政教治民，以刑法威民，所以人民畏惧他；最末一等的国君，以权术愚弄人民，以诡诈欺骗人民，法令不行，人民轻侮他。这是什么缘故呢？因为这种国君本身诚信不足，人民当然不相信他。最上等的国君是悠闲无为的，他不轻易发号施令，然而人民都能各安其生，得到最大的益处。等到事情办好，大功告成，人民却不晓得这是国君的功劳，反而都说："我们原来就是这样的。"

这个思想的基本观点是：在人的本性尚未腐败时，他可以依道而行，且完全服从自己的本能。这时的善是无意识的善，一旦圣人的善恶，智慧之教和政府的奖惩法则蔚成时，大道就开始颓废了，以至于使人的本性由真善而伪善，由伪善而天下乱。

汉初的"黄老之术"

汉初，经过改造的黄老之学则既强调无为的道，力求"道胜"而"反于无为"，又在重视法的作用的同时，反复强调礼或德的功用，在德刑关系问题上提出了一套完整的主张。例如在湖南长沙马王堆出土的《十六经》中就有"春夏为德，秋冬为刑，先德后刑以齐生"的记载。《淮南子·泰族训》也说："仁义者，治之本也"；"民无廉耻不可治也，非修礼义，廉耻不立"。而他们知道，只讲礼义也是不行的，所以说："礼义独行，纲纪不立"，同样会招致"衰废"的结果。因而"法度"又是始终不能忽视的。但是"不知礼义，不可以行法"，法令只能"诛恶"而不能"劝善"，所以他们认为，要"正上下之仪，明父子之礼、君臣之义，使强不凌弱、众不暴寡，弃贪鄙之心，兴清洁之行"，必须设立各级学校，用"五经""六艺"来对人们施行教化。总之，德和刑的两手，各有用途，必须并重，使相济为用；而在天下刚刚停止了战乱，人们刚从秦王朝尚武恃力、苛政烦刑的统治下解脱出来的当时，尤其应当首先重视德治，把刑罚放在第二位，即所谓"积礼义"而不"积刑罚"。这些观点，基本上都是先秦儒家德刑关系理论的翻版。然而它却代表了西汉初期为巩固封建统治在政治法律上所采取的基本战略方针，使秦以来被贬抑的儒家思想，表现了新的活力。

汉初黄老对秦代的尚武恃力和专任刑罚持批判态度，但并不否认法律的重要性，认为法律是"天下之度量""人主之准绳"。统治者应"明法修身"以为治。"明法"就是立法要明，并且要明白地向天下人传达。这样就可以达到"无为"的境界。主张用"黄老之术"的人指出："为治之本，务在安民"。要安民，便必须依靠法律来"禁暴止邪"，以保护善良。只是法令必须简易，刑罚必须宽平，即所谓"治国之道，上无苛令，官无烦治"，不可像秦代那样"置天下于法令刑罚"之中。在他们看来，"事逾繁而天下逾乱，法逾滋而奸逾炽，兵马益设而敌人逾多"，所谓"刑罚积则民怨背"，秦代一切"皆有法式"，结果酿成国破人亡的悲剧。他们认为，要使社会安定，就要像从前的"圣君贤臣"那样：一切求其"合于人情而后为之""漠然无为而无不为也，澹然无治而无不治也"，也就是返于自然。在刑罚的具体运用方面，汉初黄老所持的观点和先秦法学的重刑学说，尤其是发展到了极端的秦代重刑学说，是迥然不同的。他们反对李斯主张"深督轻罪"和所谓轻罪重判可以使"民不敢犯"的理论，认为"秦以刑罚为巢，故有覆巢破卵之患"。重刑理论非但没有帮助秦代统治者治理好国家，徒然使"刑者相半于道，而死人日积于市"，天下愁怨，群起反叛。

黄老学派的法律思想在中国法律思想史上起了特殊的作用：首先，它为两汉法律思想的形成和发展，奠定了基础，使刘汉王朝建立之后，在立法设刑方面，明确地以改变秦代暴政，要求"宽简刑罚、除削烦苛"的思想为指导。其次，它为由秦王朝的法家法律思想的统治转变为西汉中期及以后儒家法律思想的统治，发挥了过渡性的桥梁作用，为中国封建正统法律思想的确立创造了前提。因而深入探索和发掘黄老学派，特别是汉初黄老学派的法律思想，对于中国封建法律思想史的研究，具有重要的意义。

老子的治国思想

老子有其独特的社会观、治世理论。他认为春秋时期天下大乱，是由于人人逞能、个个想当英雄折腾一番、诸侯大夫为私欲而割据杀伐的结果，所以，人们不是做事少了，而是多了："天下多忌讳，而民弥贫；民多利器，国家滋昏；人多技巧，奇物滋起；法令滋彰，盗贼多有。"于是，统治者首先应当废除这一切，实行"无为而治":"绝圣弃智，民利百倍；绝仁弃义，民复孝慈；绝巧弃利，盗贼无有"；"不尚贤，使民不争；不贵难得之货，使民不为盗；不见可欲，使民心不乱"；"我无为而民自化，我好静而民自正，我无事而民自富，我无欲而民自朴"；"治人事天，莫若啬（少做）"；"以正治国，以奇用兵，以无事取天下"；"是以圣人处无为之事，行不言之教"；"取天下常以无事，及其有事，不足以取天下"；"民之难治，以其上之有为，是以难治"；"天下有道，却走马以粪（让战马停下施肥）；天下无道，戎马生于郊"；"无为而无不为"；"无为故无事，无执故无失"；"为无为（以无为当作有为），则无不治"；"为无为，事无事，味无味。"

由"无为"，老子进一步提出去智、愚民、返璞归真的道理:"以智治国，国之贼"；"智慧出，有大伪"；"民之难治，以其智多"；"是以圣人之治，虚其心，实其腹，弱其志，强其骨，常使民无知无欲"；"常使民无知无欲，使夫智者不敢为也"；"常德不离，复归于婴儿"；"见素抱朴，少私寡欲"；"含德之厚，比于赤子"；"圣人皆孩之"；"非以明民，将以愚之"；"绝学无忧"；"我愚人之心也哉！"

老子的上述无为而治的思想固然有先进的自由主义成分，其返璞归真的思想也充满了理想主义的色彩，可是其否定法治、否定技术的思想，其反智主义、愚民主义于建立现代中华文明都是极其有害的。

大道之废，仁义方兴

老子说：大道废弃以后，才有仁义；随着智巧的出现以后，才产生作伪；家庭不睦以后，才显出孝慈；国家昏乱以后，才产生忠臣。圣人一用心设仁爱的教化，创义理的法度，天下就开始大乱起来；一发明纵恣无度的音乐、繁杂的礼仪，天下就开始分裂。

庄子也说过：本性的活动叫做"为"。若一个人的行为走错了方向，就丧失了大道。处世若有了戒心，就容易作伪；若是无心而任其自然，就难作伪了。《庄子·外物》还说了一个故事：

宋国有一个居民死了双亲，由于哀伤过度而面容憔悴，形销骨立。宋君为表扬他的孝行，乃封他做官师。当地人听到这个消息，逢着他们的父母死了，都拼命地伤害自己的形体，结果大半都因此而死。

绝圣弃智，民利百倍

老子曾经说过："绝圣弃智，民利百倍；绝仁去义，民复孝慈。"老子所谓的"绝圣弃智"是指返璞归真，让老百姓恢复到淳朴与敦厚的状态，不要去耍小聪明，不要去勾心斗角。老子一生崇尚的是大智慧，主张"无为而无不为"，即以退为进，以空明的心态看待大自然，对大自然和客观规律不要横加干涉，摒弃一切浮躁的心态，只有这样，才能达到"战胜一切"（即"无不为"）的客观效果及思想境界。另一方面，作为国家的管理者，不要挖空心思、想方设法地对老百姓加以算计。"治大国若烹小鲜"，治理大国要像煎小鱼那样，不要经常翻动，瞎折腾。不要自以为是地树立什么"圣人"及"智人"的样板。不要激扬文字，指点江山，为老百姓谋划这样，谋划那样，要顺其自然，让老百姓得以休养生息，这样，老百姓自然而然就会丰衣足食，获利百倍。

老子处于中世之期，社会风气如是，大家都谋于智慧，若是大智还好，可惜人性难移，挂圣贤之名谋一己之利，现仁义之象而行苟且之事。这种社会形势下，自然就有了"绝圣弃智，民利百倍；绝仁弃义，民复孝慈"之说。

庄子亦说过，名利是罪恶之源，而耍小聪明谋取名利则是人的劣性所致，名利与小聪明是两大凶器。这里的"圣智仁义"指的都是名，而不是实。如果为人不贤无智，不仁不义，如何能有民利孝慈？

无智亦无德

当人们不知道如何行为才能符合天地运作法则而得顺境之时（不相信大道），社会上还能以"仁德""信义"维持基本的"秩序"。当社会上连"仁德""信义"都不能发挥功用时，社会上就会出现所谓"大智慧"的贤者，来建立典章制度供大家遵守；但是此时也往往会同时伴随一些"沽名钓誉""虚有其表"的人，假扮智者来扰乱社会。

其实，《心经》有云："无智亦无得"就已经说明了，这个世界上根本就没有所谓的"智慧"值得去学习或追求。如果大家变得只相信自己的"智慧"而不相信天道法则自然运作；那么所学的知识只是会创造更多的灾难而已。因为，宇宙的运作是有法则的，明心见性的人能够洞察一切万法万象的本性，行事也就自然合乎"道"；哪会需要那些所谓有特别技巧或特殊见解的"有智之士"，来拯救苍生呢？

庄子曾在《外物》篇也对老子的此观点进行了解释：圣人主张用教化，立法度治理天下，这样天下就会大乱起来；一发明纵恣无度的音乐、繁杂的礼仪，天下就开始分裂。换句话说：完整的树木不去雕琢，怎么可能做出祭祀用的器皿？白玉不去凿毁，又怎能做出圭璋的玉器来？道德如果不曾废弃，何必要用"仁义"的教化？性情若没有离开正道，要礼乐的制度做什么？五色要是不混乱，谁会去做文采？五音要是不混离，谁会来应和六律？由此可知，雕琢木材，损毁物的本性制作器皿，是工匠的罪过；而毁坏纯朴的道德以行仁义，就是圣人的罪过了。

善之与恶，相去若何

"善之与恶，相去若何"的意思是：世人所说的"善"和大家公认的"恶"，究竟相差在哪里？老子曾说过：知识是一切忧愁烦恼的根源，弃绝一切知识，就不会再有忧愁烦恼。恭敬的应声"是"，愤怒的应声"哼"，相差究竟有多少？世人所说的"善"和大家公认的"恶"，究竟相差在哪里？这没有一定的准则，不过我也不能独断独行，显露锋芒，遭人嫉妒。应该存着别人害怕，我也害怕的心理。因为宇宙的道理本是广大无边的，很难完全显示给别人知道，最好的方法就是与人和光同尘，以减少自己的过错。

我的存心和世人大不相同。比方说：世人快快乐乐的样子，好像参加丰盛的筵席，又像在春天登台远眺。惟独我淡泊恬养，心中没有一点情欲，就像不知嬉笑的婴孩；又是那样的懒散，好像无家可归的游子似的。

世人自得自满，似乎有用不尽的才智和能力；惟有我好像匮乏不足的样子。我真是愚人的心肠啊！是那样的混沌。世人都光耀自炫，惟独我昏昏昧昧的样子；

世人都清楚精明，惟独我无所识别的样子。我恬淡宁静，好像大海一样的寂寥广阔，我无系无絷，好像大风一样，没有目的，没有归宿。世人好像皆有所用，皆有所为，惟独我愚钝而且鄙陋。世人都竞逐浮华，崇尚文饰，惟有我与众不同，见素抱朴。为什么我会这样呢？实在是因为我太看重内心的生活，抱住人生的本源，一心以得道为贵啊！

得道之人，绝学无忧

"绝学无忧"做起来很难。绝学就是不要一切学问，什么知识都不执着，人生只凭自然。汉朝以后，佛学从印度传入中国，佛学称成了道的罗汉，为"无学位"的圣人，意思是已经到了家，不需再有所学了。其实，严格而言，不管是罗汉，或者菩萨，都还在有学有修的阶段，真正"无学"，那已经是至高无上的境界了。

古人有言："东方有圣人，西方有圣人，此心同，此理同。"就是说真理只有一个，东西方表达的方式不同。佛学未进入中国，"无学"的观念尚未在中国弘扬，老子就有"绝学"这个观念了。后来世人用佛家的"无学"，来诠释老子的"绝学"，颇有相得益彰之效。修道成功，到达最高境界，任何名相、任何疑难都解决了、看透了，"绝学无忧"，无忧无虑，没有什么牵挂。这种心情，一般人很难感觉得到。尤其我们这一些喜欢寻章摘句、舞文弄墨的人，看到老子这一句话，也算是吃了一服药。爱看书、爱写作，常常搞到三更半夜，弄得自己头昏脑涨，才想到老子真高明，要我们"绝学"，丢开书本，不要钻牛角尖，那的确很痛快。可是一认为自己是知识分子，这就难了，"绝学"做不到，"无忧"更免谈。"读历史而落泪，替古人担忧"，有时看到历史上许多事情，硬是会生气，硬是伤心落下泪来，这是读书人的痛苦毛病。其实，"绝学无忧"真做到了，反能以一种清明客观的态度，深刻独到的见解，服务社会，利益社会。

汉儒辕固生就骂过汉武帝的丞相公孙弘说："公孙子，务正学以言，无曲学以阿世"。一个读书人，不可在学问上、思想上、文化上将就别人，附和别人，为了某种私利拐弯抹角，那就不对了，儒家非常重视读书人这一点的基本人格。虽然绝对的道德标准难求，但是一个社会因时因地所产生的相对道德标准，一个修道人也应该遵守。这是"人之所畏，不可不畏。"即使你到达了绝对的境界，在这个世界上，你仍有必要陪大家遵守这个世界的种种规则，避免举止怪异，惊世骇俗。此即老子的另一句话："和其光，同其尘。""不可不畏""不得不畏""不能不畏"，在文字上虽只一字之差，但是其意义相去甚多。不可不畏乃发自于自己内心的认识与选择，为了利益，众生而随顺众生，不是受外在环境的制约，执着一般相对的价值标准。比如有个东西，大家都认为是黑色，这只是一种约定俗成的语言称呼，你也就跟别人说是黑的，不必硬说是白的，否则将有麻烦，无法彼此沟通。

庄子说：德人是静居没有思念，行动没有忧虑，心中没有是非善恶观念的人。四海之内的人生活快乐，他就觉得高兴；人人富足，他才心安。悲伤的时候，他的样子看起来好似婴儿失掉了母亲；茫然的时候，又像是迷了路的羔羊。他的财富虽多，却不知从何而来；饮食丰足，也不知它们究竟来自何处。德人的行为就是如此。

老子心中的"方外之人"

老子对人生的看法，不像其他宗教的态度，认为全是苦的；人生也有快乐的一面，但是这快乐的一面，却暗藏隐忧，并不那么单纯。因此，老子提醒修道者，别于众人，应该"我独泊兮其未兆"，要如一潭清水，微波不兴，澄澈到底；应该"如婴儿之未孩"，拥有平常的心境，保持得像初生婴儿般的纯洁天真。老子一再提到，我们人修道至相当程度后，不但是返老还童，甚至整个人的筋骨、肌肉、观念、态度等等，都恢复到"奶娃儿"的状态。一个人若能时时拥有这种心境，那就对了。这和上面讲过"专气致柔，能婴儿乎"的道理是一样的。老子的这种认识和孔子有貌似之处，孔子在《易经》上说的"确然而不可拔"，自己站在那里，顶天立地，如一座高山，不可动摇。"无所归"，也就是孔子所言，"君子不器"，不自归于任何典型。你说他是个道人，却又什么都不像，无法将他归于某一种范围，加以界定。而"众人皆有余"，世上的人，都认为自己了不起，拼命追求，什么都想占有；而我什么都不要，"遗世而独立"，好像世界上的人，都忘了我一样。

这种风范，做起来还真不易。辛稼轩有两句词说："须知忘世真容易，欲世相忘却大难。"自己要将这个社会遗忘，还算容易，但要社会把你轻易地忘掉，那可不简单。"人怕出名，猪怕肥"，尤其在社会上有了一点名气的人，更难做到。到时你想远离这个社会，归隐山林，不再过问世事，这倒好办，因为只要你真看得开，放得下便可。但是，你一躲到深山野地去，有许多人还是会千方百计找你出来，说你有道啊，要你干这干那，绝不放过你。这就是"欲世相忘却大难"了。所以老子最后只好骑着那匹青牛，悄悄逃出函谷关去了。

庄子说：世俗认为对就以为是对，认为善就以为是善的人，便是谄媚的人。如果你说他有道，他就流露出自满的神情；说他奉承人，就勃然大怒。不管他终身有道也好，终身奉迎也好，他们都会以夸饰的言辞彼此攻击，但是由始至终，他们都不知道自己所做的到底是何事。知道这是愚昧的，便非大愚；知道这是迷惑的，也并非大惑。真正的大惑，是终身不悟的人；真正的大愚，就是终身不智的人。如果有三个人一块走，其中只有一个人迷惑，还可达到目的地；两个人迷惑的话，是无论如何不能到达了，因为迷惑的人占了大多数啊！我虽有向道的诚心，无奈天下人迷惑的太多，这不是可悲的事吗？

万物本始，从"道"开始

老子认为，大德之人，他的一切言语举动，都是随着"道"而转移。道是什么样子呢？道这样东西，是恍恍惚惚的，说无又有，说实又虚，既看不清又摸不到。可是，在这恍惚之中，它又具备了宇宙的形象；在这恍惚之中，它又涵盖了天地万物。它是那么深远而幽昧，可是其中却具有一切生命物质的原理与原质。这原理与原质是非常的真实可信的。从古迄今，道一直存在，它的名字永远不能消去，依据它才能认识万物的本始，因它一直在从事创造万物的活动。我怎样知道万物本始的情形呢？就是从"道"认识的！

庄子在《天地》篇中说：道，是真实而存在的；是清静而无为的。它可以传授，却不一定被领受；可以体会，却不能看见；它是一切事物的根本，在未有天地以前，就已存在；它生出了鬼神和上帝，生出了大地和上天。道，在阴阳未分之前便已存在，可是并不算高远；超出天地四方的空间，也不会很深邃；比天地先生，却不算长久；比上古的年岁大，可也并不算年老。

有生于无，无中生有

关于宇宙万物的"有生于无，无中生有"的形上与形下问题，以西洋哲学的治学习惯来说，其中就包涵了宗教哲学中宇宙万物的来源论，以及纯粹哲学的唯心、唯物、一元、多元、有神、无神等学说的寻探。假定宇宙万物确是从本无中而生出万有万类。无中何以生有？便是一个莫大的问题。以宗教神学的立论，从无生有，是由第一因的主宰的神所发生。但在佛学中，既不承认神我是第一因，也不承认有一情绪化的权威主宰所能左右；可是又不否认形而下神我的存在。只说"因中有果，果即为因"的因果互变，万有的形成，有生于空，空即是有，因缘和合，"缘起性空，性空缘起"。因此，与老子的有、无互为因果论，恰恰相近。所以后来佛学输入中国，与老庄学说一拍即合，相互共存了。

这个有无互为生灭的观念，从周末而到现代，几千年来，一直成为中国文化中普遍平民化的哲学思想，在中国历代的文学诗词或学术史上，到处可见，尤其明、清以后有名的小说。《红楼梦》开头的一僧一道的开场白，与有名的梦游太虚幻境，以及"假作真时真亦假，无为有处有还无"乃至假托林黛玉的笔下反骂贾宝玉："无端弄笔是何人？剿袭南华庄子文。不悔自家无见识，却将丑语低他人"等等老庄与禅道思想，几乎俯拾皆是。难怪后人有强调《红楼梦》是一部道书。甚至赶上现代的时髦，又说是一部禅学了！

"本无"是天地的原始，"妙有"是万物万有的来源。《淮南子》指出：气是宇宙万物的精微原始物质，生成于宇宙，而宇宙由"道"产生，进一步发展了《老子》的"道"学思想，同时指出气的"交感合和"是天地万物包括人类的发生发展和变化的根本原因，与《老子》的"冲气以为和"思想一脉相承。因此，老子跟着就说："故常无，欲以观其妙。常有，欲以观其徼。""故"字，当然便是文章句法的介词，也就是现代语文惯用的"所以"的意思。老子这句话用白话文来说，就是——人们要想体认大道有无之际，必须要修养到常无的境界，才能观察——体察到有生于无的妙用。再说，如果要想体认到无中如何生有，又必须要加工，但从有处来观察这个"有"而终归于本来"无"的边际。"徼"字,就是边际的意思。

"道"是什么样子

老子认为,"道"是天地万物的起始,那么,"道"的属性是唯心的还是唯物的?自古至今,这个问题引起诸多学者的广泛兴趣。历史上的韩非子时代与老子距离较近,并且韩非子是第一个为《道德经》作注的学者。他在《解老》中如是阐述道:"道者,万物之所(以)然也,万理之所稽也。理者成物之文也,道者万物之所以成也。故曰道,理之者也。"这就表明了韩非子是从唯物方面来理解老子的"道"的。司马迁在《史记》中把老子和韩非子列入同传,即认为韩、庄、申"皆原于道德之意,而老子深远矣"。汉代王充在《论衡》一书中,同样认为老子"道"的思想是唯物的。但是,咱东汉末年到魏晋时代,情形发生了改变。有的学者领悟老子哲学所谓"天下万物生于有,有生于无"的妙义,肯定宇宙的本体唯一个"无",号称玄学。随后佛学传人中国并逐渐兴盛起来,玄与佛合流,因而对"道"的解释便倾向唯心论方面。宋明理学家同样吸取了佛学与玄学思想,对老子的"道"依旧作了唯心主义阐释。总而言之,"道"究竟是唯心的还是唯物的,一直是学术界人士争论的话题。

老子说为道的方法是损之又损,指的正是有限自我对自身的不断扬弃、否定以达到道的境界,即无限的、圆满的境界。庄子说:天因为没有作为,所以清澈;地也因为没有作为,所以安宁;天地无为的相合,才变化生成了万物。这些万物,恍惚中不知从何而来,也没有造型可求,只知它们是"无为"所生。所以说:"天地无心作,却又没有一样东西不是它们所作。"那么人应如何仿效此例而"无为"呢?

曲就是全,争也无用

老子说:委屈反而可以保全,弯曲反而能够伸直,低下反而可以充盈得溢,破旧反而可以生新，少取反而可以多得，若是贪多反而弄得迷惑。所以圣人紧守着"道"作为天下事理的范式。不自我表扬，反而能够显明；不自以为是，反而能够彰显；不自己夸耀，反而能够见功；不自我矜持，反而能够长久。这都是不和人争反而能显现自己的结果。正因为不与人争，所以全天下没有人能和他争，这样反而成全了他的伟大。古人所说的"曲就是全"等语，难道还会虚假？能够做到这些，道亦会归向他了。

老子的不争者形象

老子提到的反论有无用之有用、曲全、不争等，他最终的目的还是在保全人的生命及德性。庄子序文并将"曲则全"列为最有代表性的老子思想。

老子说：常规的王总是凌民众之上而气势浩荡，王之所欲就是天下所欲，而且为了满足自己为所欲为的愿望，反对民众厌弃自己的恶行，王者时常用高压政策压制百姓；王权神授的统治办法是古代列国君王首选，古埃及法老声称自己是代表神明对臣民进行统治，中国皇帝传自己是真龙天子。在民众被统治的常规下，王就是权利的化身，是高高在上的形象。而老子眼中的王却是处于下流汇聚百川的王，把自己降卑到任何事物之下。

人都是向往着高处，甚至想尽办法掩饰自己的不足，处于下流是最让人瞧不起的。《论语·子张篇》子贡曰："纣不善，不如是之甚也。是以君子恶居下流，天下之恶皆归焉。"子贡说："商纣的恶劣，不像现在说的这样严重。因此君子憎恶居于下流，天下的坏名声都会归集一身。"

儒家认为君子不能居下流，要防备毁誉的困扰。但是老子理想中的王却是百川王，一个甘成百川之下流，可能被藐视，被人厌弃，被冠予恶名，被侮辱，被欺压，却不与人们争辩，甚至不如一个平民百姓，这是一个怎样的王呢？

常规中的王有千乘华彩，宫廷堂皇，甚至为流名千古的陵墓也是气势不凡，多少君王要用令人羡慕的东西让人们记住他们？

老子视野中的王应当不在那些行列中，他处于下流而成为百川的归宿，"以其不争，故天下莫能与之争"，他不用任何方式与人争强，却没有任何力量可与之争高下，这不正是"道"的一个化身么？

老子的百川王与犹太先知笔下的弥赛亚有特别相似之处，却一样很难让人理解和接受，在常规意识之中荣耀的形象与卑污是有天壤之别，老子明白人们的理解有可能出现偏差，所以说："天下皆谓我'道'大，似不肖。夫唯大，故似不肖。"他强调"道"的广袤，是与人们有限的认识不相符的。

老子石像

《盲人摸象》的故事家喻户晓，但是人在认识事物时有多少时候不像盲人呢？许多的发现、发明就是在人们突破常规思维而获得答案，老子不厌其烦地讲述可以起到一个引领人们突破心灵之茧的作用吗？百川王的卑污就是他的圣洁，甘于下流就是博大，屈辱就是荣耀，老子的眼中有一个怎样的形象？

取法天地自然

老子被称为中国历史上最有智慧的人，他的《道德经》是历代统治者、兵家、权术之人，乃至智者们的"圣经"，其中玄妙无人说得清，因而，人们又将老子称为不可悟透，不可说尽之人。

老子的哲学命题是"道"。老子说：道生一，一生二，二生三，三生万物。具体的解释就是：无生有（无极生太极）；太极生阴阳；阴阳生三才（天地人），三才生万物。老子认为宇宙有四大："道大，天大，地大，人也大"。人效法地，地效法天，天效法道，道按照自然法则而行。

何为自然？自然亦为"真"，即自然本性。老子认为人类社会不能反其道而行之，而要遵其道而顺之。老子一生憎恶智巧，认为卖弄小聪明是自作聪明，卖弄机巧是愚不可及。因此发出"大巧若拙""大智若愚"的警示。

自然界的水落花开，鹰飞鱼跃，春华秋实不是人们刻意追求的结果，大自然是无意识的，但却生机无限，天地并没有想去实现什么，但却样样都实现了。人类何不像自然那样以"无为"的态度对待一切呢？

老子一辈子与世无争，是的，他不屑于向这个世界索取什么，对今生如此，对来生亦如此，生生灭灭，他早已了然于胸。但是，唯有一样东西老子却放心不下，割舍不下，而且令他常常宿夜难寐。这就是芸芸众生。

老子不仅仅有一个博大的胸襟，更有一颗博爱的心。他"爱人"，及至于爱每一个人：好人、坏人，为官、为民，男人、女人，老人、孩童……这种爱，有亲子之情，有手足之情，有朋友之情，有报效之情；这种爱，来自一颗赤子之心，一颗坦诚之心。这是怎样一种爱啊！时隔近三千年，我们仍能在他的字里行间嗅出深深的情，感到深深的爱，甚至能察觉到那始终在颤动的脉搏。

老子一生与世无争，顺民之性、随民之情。"贵柔""处下""无为""若愚"。他诅咒智慧，而他却又是一座机巧智慧的宝库。

争是不争，不争是争

老子说：

> "不自见，故明；不自是，故彰；不自伐，故有功；不自矜，故长；夫唯不争，故天下莫能与之争。"

意思是说：不显示自己，不自以为是，因而更显耀突出；不夸耀自己，因而有功绩；不自以为贤能，因而受到尊重；只有那不与人相争的，世界上没有人能和他相争。这段话充分体现了老子"柔弱胜刚强"的哲学思想。所谓"不争"，不是放弃一切，而是要以不争反立于不败之地。正因为你不争，所以天下才没有人能和你争，这才是竞争的最高境界，是"不战而屈人之兵"的竞争大智慧。

当我们后退一步，不与人争长短时，其结果会是为自己留一片极大的伸展空间。先出手的人，往往会使别人感受到其压力，对受到压力的人而言，这样一点儿也没有趣。为避免这种情况的发生，《老子》的建议是："缩回来，其实就是在伸展；表现出弱的样子，其实就是强者；减少了，其实就是在增加；被夺走，其实还是在给予。"这句话就是告诫人们不可要强出头，和别人对立时，不妨先退一步。先退的这一步，并不是出自同情对方，而是经过充分计划后的结果。老子称这种作风为"不争之德"。

优秀的人不逞强；善战者，不为对方所诱；常胜的名人不会宣扬自己之胜；会使人巧者，可使对方相形见绌。这就是不争之德。

企者不立，跨者不行

"企者不立，跨者不行"的意思是：凡翘起脚尖想要出人头地的，反站立不稳；凡跨着大步想要走得快的，反走不了多远。

老子说：自己好表现的，反不能显达；自以为是的，反不能昭著；自我炫耀的，反而不能见功；自我矜持的，反不能长久。从道的观点来看，这些急躁的行为，简直是多余无用的东西，连物类都讨厌，何况万物之灵？所以有道的人，决不如此炫夸争胜。庄子也告诫世人不要自满，他说：志在财货的，是商人的行为，人们看他大步而行，就称他为领袖，但都不愿与他为伍，而他反以为这是殊荣。他还说：恶行有五种，其中尤以心恶最坏，什么叫心恶呢？心恶就是自满。

虚心，心灵才会苏醒

老子劝导人不要虚骄，显善露水出尽风头，难免后患无穷。真正聪明的人不会张扬自己的才能，不会吹嘘自己的功绩。可是，骄傲如同影子一般伴随着人类，常常成了上至君王下至百姓的通病；在提倡出人头地的环境中，虚骄甚至可以成为一种谋利的策略，让好大喜功的追随者不愿意一辈子受别人的支配。

虚心，才有空间可容纳所欠缺的；虚心，心灵才会苏醒，以正确的眼光看待世事，也才可能正确认识自我；靠踮着脚的人不会长久站立，脚踏实地应是明智之举。

然而，老子的意图是人应该认识"道"，以"道"作为人生的参照系，否则所有的劝导都可能被"成为伟大"的热情湮没，人性自我膨胀的能力就如汹涌波涛难以止息，这是两千五百多年前的哲人老子就清楚意识到的。

损益结合，不断进步

老子说："为学日益，为道日损，损之又损，以至于无为，无为而无不为。"如果你想"新"想"益"，那么首先就要"损"，要会"损"，要持之以恒地"损"。这个"损"就是反省自己，改正自己的过错，检讨并减少自己的毛病，清除自己身上不良的习气。尼采说过："一个人智慧的增长以什么标准来衡量呢？就是看他的不良品性减少了多少，他的智慧就能增长多少。"这就是会损的意思。

在损的同时才能受益，比如一些消极的情绪：悲观、愤怒、嫉妒、郁闷、不安等要减少它，比如不良的工作习惯：拖拉、马虎、找借口、缺乏坚持等，要清除这些不良的习惯。这些东西就要主动地去损，积极地去损，乐观地去损。人生其实就是一道加减法的过程：不断增加有益的东西，不断剔除有害的东西，只有这样人生才能至臻完善。

其实，老子的"损""益"过程也就是人生的扬弃进步过程。肯定、否定、再否定，这就是人生是自我发展的途径和取向。从"无我"到"有我"，从对自我的否定，进而对自我否定的否定，自我便从幼稚走向了成熟，真正的把握了自己。"损"与"益"的结合，人生的修炼才能不断趋于完美，这时的生命既有着现实的基础，又有着使命的未来，从容自在之中生命的美丽和光彩自然地彰显了出来。

第四章 老子论"道之力"

老子所说的道的思想，万物法道，道法自然，道本身就是力量之源，或者本身的运动就是力量之源。根是复归本性，万物纷杂生存，又各自返回本原。老子说："夫物芸芸，各复归其根。归根曰静（返回本原为"静"），是谓复命。"

根是力量之源，有了根才能站稳脚，立于不败之地。古希腊神话中的大力士安泰只要双脚着地，就能从大地母亲那里汲取无穷的力量，力大无比，无往不胜，谁也不能击倒他，原因是他有牢固的大地之根。

根是立业之基，品格、道德、素养、境界是人深在的"根"，是来自深层的驱动力、恒久的魅力和鲜活的生命力。树，根正了，枝叶才繁茂；人，"根本"了，才能生发出良好的人际关系，创造出和谐的生存环境。天地乾坤，万物皆有根。足为身之根，先为后之根，民为国之根。邦宁根必深，无论圣与神，叶落都要归根。易死的是树，难死的是根。根，生有品，死有魂，有根自能生新树，无根树大难生存。根是生命的源头，无根不活，无根不肥，无根不壮。叶赖于根茂，干赖于根稳，枝无根则枯，花无根则殒。那些无根的浮萍，只能空有一时浮华。

在老子看来，"道"就是根。

人尽其才，物尽其用

老子说：善于行事者，顺应物性，遵循规律，无主观妄为之迹；善于言辞者，正心诚意，言事中节，无有纰漏偏差；善于筹谋者，秉本执要，以一持万，无须筹码算具；善于关闭者，澹泊寡欲，不设不施，无须栓梢却不可开；善于束结者，隐恶扬善，正己正人，以至于民心浑朴，无须绳索却不可解。因此，圣人总是辅万物之自然，善于挽救人，所以无有被鄙弃之人；总是能物尽其用，所以无被废弃之物。这些作法可谓是承袭了大道之明智。所以，善人是不善人可效法之师，不善人是善人可道化之资。不尊贵可效法之师，不爱惜可道化之资，虽自以为明智，其实是太糊涂。这是精深奥妙的道理。

世界何其大，人不能囊括所有的事，一个人即使能活到百岁，去掉生活必需占据的时间，用来经历、钻研事物的时间就太有限了，面对浩瀚的世界，人的知识算不了什么，用沧海一粟比喻是恰到好处。《论语·述而》中说："子曰：三人行，必有我师焉；择其善者而从之，其不善者而改之。"意思是说：孔子说："几个人行路，必定有我效法的人；选取他们的优点而学习，对于缺点而加以改正。"

老子的"士"的内涵

上古时代所谓的"士"，并非完全同于现代观念中的读书人，"士"的原本意义，是指专心研究道业，而真正有学问的人。一个读书人，必须在学识、智慧与道德的修养上达到身心和谐自在，符合"微妙玄通，深不可识"这八个字的原则，才真正够资格当一个"士"。以现在的社会来说，作为一个士，学问道德都要精微无暇到极点。等于孔子在《易经》上所言："絜净精微。""絜净"，是说学问接近宗教、哲学的境界。"精微"，则相当于科学上的精密性。道家的思想，亦从这个"絜净精微"的体系而来。

所以老子说："古之善为士者，微妙玄通。"意思是说精微到妙不可言的境界，絜净到融会贯通的地步，便可无所不知，无所不晓了。而且，"妙"的境界勉强来说，万事万物皆能恰到好处，不会有不良的作用。正如古人的两句话："圣人无死地，智者无困厄。"一个大圣人，再怎么样恶劣的状况，无论如何也不会走上绝路。一个真正有大智慧的人，根本不会受环境的困扰，反而可从重重困难中解脱出来。

修道的人在人生的路程上，对于自己，对于外界，都要认识得清清楚楚。"犹兮若畏四邻"，如同"犹"一样，好像四面八方都有情况，都有敌人，心存害怕，不得不提心吊胆，小心翼翼。就算你不活在这个复杂的社会里，或者只是单独一个人走在旷野中，总算是没有敌人了吧！然而这旷野有可能就是你的敌人，走着走着，说不定你便在这荒山野地跌了一跤，永远爬不起来。所以，人生在世就要有那么的小心。

其实，有道的人是不容易看出来的。老子说过："和其光，同其尘"。

表面上给人看起来像个"混公"，大混蛋一个，"浑兮其若浊"，昏头昏脑，浑浑噩噩，好像什么都不懂。因为真正有道之士，用不着刻意表示自己有道，自己以为了不起。用不着装模作样，故作姿态。本来就很平凡，平凡到混混沌沌，没人识得。这是修道的一个阶段。依老子的看法，一个修道有成的人，是难以用语言文字去界定他的。勉强形容的话，只好拿山谷、朴玉、释冰等等意象来象征他的境界，但那也只是外形的描述而已。

没有平庸的人，只有平庸的管理

孔子说，孟公绰这个人，要他做赵、魏大国中的大老（官名），是十分合适的人选，其才能、学问、道德都适合担任此职；但是如果滕、薛两个小国家请他做大夫，要他在实际政务上从政则十分不当。

有许多人担任要职出类拔萃，但是要他改做实际工作，去执行一个具体任务，则未必能够完成。有的人学问好、有见地，能提出许多有益的意见建议，但让他去实际从事行政工作，却发现其无法胜任。有的人实际工作做得很好，但将他提拔到高一级的地位，反而让他无所适从。所以，作为领导，知人善任是一门学问；对于每一个人来说，对自己的认识也是一门重要的学问，要明确自己的优势与劣势。

这是说人的智慧水平有差别，有上、中、下三等之分。中人以上的资质，可以告诉他高深的理论；至于中人以下的资质，对他们就不要作过高的要求，不妨作低一点的要求；但中人以下的人，他们的成就又不一定永远在中人以下，只要努力，最后的成就和中人以上的会是一样的。

身为领导，对部下首先要有透彻的了解，让合适的人做合适的事，以达到人事相宜的效果。教育的原理也是一样，因材施教才能各尽其能。一个组织只有做到人尽其才、物尽其用，才能"人得其位，位得其人"。作为一个领导者，对员工的才能、兴趣了解于胸，才能针对某项特定的工作选择适合的人选，追求人与事的统一。

　　管理学上一条著名的定理是"没有平庸的人，只有平庸的管理"，知人善任，让自己的下属去做他们适合的事情，这样才能充分发挥他们的工作潜能，实现人力资源的有效利用。

　　许多成功人士都善于识人，又能够把人才放在适当的位置上，这是管理好下属的良方。许多领导者往往常感叹手下无人可用，其实在很多时候不是手下没人，而是没有把人放在正确的位置上。

资源最大化利用

　　在"人怎样才能尽其才"这个命题上，许多人觉得这个世界不那么公平，没给自己充分施展才华的机会，让自己空怀旷世的抱负，却在人世间空走了一遭。古今中外，此等抱憾终生的人大有人在，其中肯定不乏怀才不遇的真人才，但更多的应是那些过高地估计了自己能力的人。

　　人尽其才对于大多人来说，其实都是难以实现的，因为一个"尽"字很难做到。人尽其才之所以难，关键在于你的才往往需要别人去发现，需要得到别人的认可。也就是说，人尽其才不是你的主观愿望所决定的，更多的要受制于客观环境的承认，这就是人们经常所说的："千里马常有，而伯乐不常有。"

　　物尽其用是对自然资源的最大化利用，所追求的是让每一份自然资源都能为人类社会的发展贡献力量。与人尽其才不同，物尽其用则掌握在我们每个人的手里，你可以用淘米的水浇花，也可以用收集来的雨水冲马桶；你家的孩子长大了，闲置下来的婴儿车不妨送给刚生了娃娃的左邻右居、亲戚朋友等等。

<h2 style="text-align:center">知之以雄，守之以雌</h2>

　　"知其雄，守其雌"的意思是：知道如何做就会是雄强刚上，但却安守其雌柔谦卑的地位。老子说：知其昭明，守其浑厚，为天下人所效法。为天下人所效法，天赋的常德不会出现差失，复归于元始时的纯真朴实。知何由可能荣达，但却持

守卑弱无为，其淡泊寡欲，虚心宽容，若似天下之谷。这若似天下谷的品质，却只需人的天赋本性常德便可足够，复归于浑厚淳朴。人们朴实的本性散失，便如同成了各具长短的器物，圣人只好选贤任能，因势利导，使民心复归于淳朴。天下大治时，民心浑厚质朴，首领顺其自然，无须采取什么措施。

"知其雄，守其雌"，这样"道"就会像涓涓溪流一样流入人体，基本的德就不会离去，"道"就会在人体内积聚并使人体变化，时深日久，就会回复到婴儿无知无欲的纯真状态。此时修道者能较好入静，能较好地控制自己的意念，人变得像婴儿一样纯真。

古语有云："能者多劳""人前显贵，人后受罪"，风靡全球的电影《蜘蛛侠》中的经典台词也说："能力越大，责任越大"。你的能力越强拥有的技能越多，你反而更容易陷入忙忙碌碌无法自拔，你不但需要做好自己的本职工作，而且那些别人不行的事情也得交给你，谁让你能力强呢？虽然能力强可以赢得别人的羡慕还可以挣得比别人多，但是你真的愿意拿闲暇时间去换那些东西？开始的时候或许为了生活、为了可以买房买车，我们会尽量学习各种技能，尽可能做更多的工作来获取更多的报酬，虽然这些工作中只有一两种是我们喜欢的。但是这些实现了以后呢？我们是否可以很轻松地放弃那些我们不喜欢的工作？没那么容易的吧。有了经验，能力也比别人强了，你不去做谁做？

诚然，对所有事情都"知其雄，守其雌"未免太过消极，但是对于那些自己不感兴趣不想去做的事情，"知其雄守其雌"未尝不是一种大智慧。但是有多少人能够做得到呢？能力强技术好可以赢得好名声，赢得大家的赞美和羡慕，还能比别人挣得更多，这些东西谁不想获得？也许只有那些有大智慧的人和受尽煎熬的人才能领会到其中的真意吧。

曾国藩的处世之术

清咸丰初年，太平军起事，短短两年间，便攻下南京建都，同时派兵西征进入湖南。正在湖南家里为其母亲守孝的曾国藩以在籍侍郎身份，奉旨帮办团练对抗太平军。由于湘勇只是团练的性质，并无公家粮饷，加上曾国藩也没有地方督抚实权，所以日子过的很艰难。更重要的是，曾国藩秉承以天下为己任的儒家精神，锋芒毕露。虽只是一在籍侍郎，但是碰到地方上腐败无能的昏官兵痞，动辄越俎代庖使用重典，甚至参到咸丰皇帝那里。结果弄了个曾剃头的恶名，最终为地方官所不容，处处碰壁。而恰好此时江西战事局面也几乎陷于停顿状态，所以一时极其窘迫。

咸丰七年，曾国藩回家为其父守孝，咸丰皇帝乘机把它的职位一捋到底。其间，左宗棠等一些好友对他以往一味直来直往的行事不以为然，左宗棠甚至写信直接痛骂。而曾国藩自己也在痛苦中反思：自己对朝廷不可谓不忠，对贪腐不可谓不严，对战事不可谓不用心，对自己不可谓不苛刻，何以最终落得如此下场？

曾国藩慢慢把眼光从儒家、申韩转向黄老之学，从里面悟出了处世之术。曾国藩在日记中记到：

> 静中细思，古今亿百年无有穷期，人生其间，数十寒暑，仅须臾耳，当思一搏。大地数万里，不可纪极，人于其中寝处游息，昼仅一室，夜仅一榻耳，当思珍惜。古人书籍，近人著述，浩如烟海；人生目光之所能及者，不过九牛一毛耳，当思多览。事变万端，美名百途，人生才力之所能及者，不过太仓之粒耳，当思奋争。然知天之长，而吾所历者短，则忧患横逆之来，当少忍以待其定；知地之大，而吾所居者小，则遇荣利争夺之境，当退让以守其雌。

曾国藩在日记中总结道：

> 自从丁巳戊午大悔大悟之后乃知自己全无本领，凡事都见得人家有几分是处。故自戊午至今九载，与四十年以前迥不相同，大约以能立能达为体，以不怨不尤为用。立者，发奋自强，站得住也；达者，办事圆融，行得通也。

曾国藩悟到人在世界上的渺小，所以对于短短的生命，应该知道珍惜，为自己的理想竭尽所能。他对于人生微小的成就，应当知不足而思奋争；对于身边的事物和取得的成绩，应当珍惜；对于人生中的苦难，应当看到它的微小而学会忍耐；对于事业上的纷争，应当学会争大而不争小，争长而不争短。

曾国藩悟到以前的事事不顺，是因为他事事必争。本来就要倚仗地方，却反过来以客欺主。"大柔非柔，至刚无刚"，以刚猛行事，快则快矣，但于结果如何？逞一时之意气，不仅无助于事，反而添无穷之后患。人若只是想快意一生，如此行事也未尝不可；人若有些许志向，则不能不考虑改变。

复出之后，曾国藩一反常态，以非常谦恭的语气，亲自给重要将领、地方要员一一写信，动之以情。上对不学无术的湖广总督官文，他极尽曲意奉承；下对小小的长沙县衙他也亲自拜访。晓以情理，诱以功名，把大官小官、贪官清官全部拉拢起来，大大改善了湘军与他自己发展的官场环境，进而招勇筹饷之事也变得顺利了。

世事白云苍狗，曾国藩从懵懂的举子到自负的翰林，从严谨的理学门徒到强悍的团练大臣，在诸事不顺的窘境之中悟得处世真谛，终于一跃成为炉火纯青的湘军统帅，进而剿灭太平军，力挽狂澜，成为同治中兴第一人。

道创万物而不居功

老子说，"知其雄，守其雌，为天下溪。知其白，守其黑，为天下式。知其荣，守其辱。为天下谷……"字面上讲，知道刚健而拥有柔顺，知道明亮而拥有黑暗，知道荣耀而拥有屈辱，要我们和光同尘，不慕虚荣。

这三知三守，是为人处事的道理，是道创万物而不居功的根本。老子是以守为攻，以退为进。保存实力。以不变应万变的。当然那恬淡虚静，至真至纯的回归原始的本性，不沾污迹，不沾灰尘的意识，是很难达到的。人们要在这个充满物欲的社会里，不断提醒自己才行。

老子讲的无知，是辩证的哲理，不是真得什么都不懂，而是什么都懂了以后的大彻大悟，是经历了人生事故，打击，乐趣，成功，失败，知识，经验……等等，成熟了以后再回归到婴儿那种至柔至顺，无等级，无善恶的返璞归真的状态。这样，就可以做到柔能克刚、静可止躁。

老子说："吾所以有大患者，为吾有身。乃吾无身，吾有何患？"这是一种完全忘我无我的思想境界。很多人一定常常会懊恼自己事业未成，感情未遂，这说明我的"欲"还未除。有这欲望，就一味地强调自我，过分的在意身体上和心灵上的痛苦和伤害，因此就会在烦恼中煎熬，庸人自扰。

古时的宠辱常在一刹那，或加冕晋爵，或满门抄斩。现在的宠辱实际上也只在人们的一念之中。要能怀一颗平常之心，将自己置身于你争我夺的战场之外。

黩武逞强，不合于道

老子说：善于用道的治国者，绝不会靠武力强大来称雄天下，因为以武力称雄容易招致反击。行军作战经过的地方，田地荒芜只长杂草，淳朴的美德遭到破坏，不良习气开始孳生，敌对的情绪、仇恨的根芽开始播种，无穷无尽的灾难循环开始萌生。因此，最善于用兵的人，达到目的就罢兵了，而不敢靠兵威逞强施暴。战争的胜利由天时、地利、人和等综合而成，一将功成万骨枯。所以胜利了绝不自高自大，绝不自夸战功，绝不狂妄骄傲，大获全胜却自认为并没有什么了不起，这就叫做大功告成而不自以为强。自以为强就会产生骄气、暮气，衍生出好逸恶劳、居功自傲等恶习，这就违背了道的准则。凡是逆天行事、背道而行注定很快就会灭亡。

自古以来，"恃德者昌，恃力者亡"。解决人与人之间的矛盾，谁都知道应该心平气和地坐下来讨论，必要时请法律或仲裁机构来判决，为什么整天把"民主、自由、人权、法制"等美妙词汇挂在嘴上说的国家会干出这样野蛮、残酷的暴行，真是让全世界的人们看不懂啊！没有制约的暴力是可怕的，首先它会祸害别人，最终必将祸害自己，所以这种暴力是人类的公敌。

战争是人类最丑恶的行为之一。但是如果有人一定要把战争强加我们的头上，有血性的人们为了民族和国家就应该奋起抗争，而不是任人宰割，消极避战。但是我们一定明白我们进行战争的目的是什么，战争的目的是为了和平，是为了包括敌人在内的所有人的根本幸福而战。所以在不得不进行战争以后，要时刻注意是否已经达到了战争的目的，如果已经达到了这个目的，那么就应该停止战争，不要再徒然地增加不必要的杀孽了。

忘记不争，导致战事

老子也说过：

> 将欲取天下而为之，吾见其不得已。天下神器，不可为也，不可执也。为者败之，执者失之。是以圣人无为，故无败；无执，故无失。夫物或行或随；或嘘或吹；或强或羸；或载或隳。是以圣人去甚，去奢，去泰。

这段话的意思是说：想要治理天下而主观施为，我看他是不会达到目的。天下万物各有其神妙的自然本性，不能主观妄为，不能强行控制。主观妄为将会遭败，强行控制将会失去。因此，圣人不主观妄为，所以不会失败；不强行控制，所以不会失去。世间的事物，有的前行，有的后随；有的嘘暖，有的吹凉；有的强健，有的羸弱；有的安定，有的危殆。因此圣人戒除那些极端的、奢侈的、过分的行为。

这里的"天下"，不但是指物质的"王土"，也指"天命"、气数。说它是"神器"，因为它的来去运作，是不以人的意志为转移的，而是以"道"的规则为转移的，因此人——哪怕是最高统治者也不能去"为"和"执"的。"为"就是有为，就是按照人的主观意愿而不是"道"——客观规律去实施；"执"就是把持和控制，就是试图一个人或者一小撮人长久地把持和控制"天下"。因为这两种行为都是违背"道"的，所以就不能这样做，做了，就要"败"，就要"失"。"败"和"失"是违反"道"这个宇宙根本法的所有人或事的必然下场，这是绝对的因果关系。

"天下"正是由这些具体的世间万物所构成的，所以只能根据它们的具体实际情况来决定相应的策略，而不能先构建了所谓"宏伟蓝图"，再去"实现"它。所以"天下"是"不可为的"；任何一个"圣人"，从登台执政那一刻起，他就必然要从当时最符合道的治国策略中选择一个"名"去实施，刚从乱世里走出来，就应该奉行"浊以止，静之徐清"的国策来让老百姓休养生息，等国力日强，天下安定，又不可固守成法，要懂得适时转入"安以久，动之徐生"的国策，不断调整更好的、更适应新时代的具体政策——新的"名"。"始制有名，名亦既有，夫亦将知止，知止可以不殆。"讲的就是这个意思，所以说"天下"是"不可执的"。"不可为"讲的是顺应自然，"不可执"讲的是与时俱进。

"甚"是过分的意思，"奢"是独断的意思，"泰"是安乐的意思，就是说"圣人"治理天下。第一，一定要注意不要过分，要注意"度"；第二，不要自以为是、主观独断、我行我素，应该遵循自然、广开言路、克己奉公；第三，如果只满足于眼前的"泰"，那么很快就会"泰尽否来"。要懂得"生于忧患，死于安乐"的道理；要"为之于未有，治之于未乱"；要高瞻远瞩、未雨绸缪。这就是无为之治对领导人自身素质的三个基本要求。

老子的军事思想

老子说的这句话也是老子的军事思想的体现，老子的军事思想主要表现在以下几个方面：

第一，"不以兵强天下"。李耳生活在战国时期，是"老学首领"，他目睹奴隶主没落，诸侯国兼并，连年征战，给人民带来严重灾难的现实。他认为，这是"天下无道"的结果。因此，对战争持否定态度，主张"不以兵强天下"。怎样做到这一点呢？那就是要圣人"用不生事端的办法来争取民心管理天下""我不违道理，而人民自成教化；我喜好清静，而人民自行正道；我不生事端，而人民自然富有；我无贪欲，而人民自归纯朴。"建立一个新型的大道制国家，使近者悦，远者来，逐渐将"不道"的统治者孤立起来。

第二，"以弱胜强"。李耳虽然反对战争，主张"以无事取天下"。但是，老子并不一概地反对战争，而是反对"无道"的战争。他认为"有道"的战争不仅要打，而且要打胜，这就不能不讲究战略战术。李耳从自身的辩证法思想出发，看到事物是在发展变化之中的，弱小会转化为强大，刚强也会转化为软弱，用兵就是要抓住这转化的关节点。所以，他提出："将要收拾他，必须姑且让他张狂；将要削弱他，必须姑且让它增强；将要除掉他，必须姑且结交他；将要夺取他，必须姑且给予他。"其目的就是要加速它转化。

第三，"以奇用兵"。李耳在《孙子兵法》的启发下，在"以弱胜强"的战略思想指导下，对战术问题进行了研究，提出了"以奇用兵"的策略。所谓"以奇用兵"，就是机动灵活，出其不意，攻其不备，声东击西，避实就虚，调动敌人，出奇制胜。这一思想对后世影响极大，韩信的背水一战就是"以奇用兵"的典范。

第四，"胜而不美"。这一思想，主要包括以下几个方面：①不以杀人为美事，战争只是在不得已以后采用的最后手段，那些喜欢杀人的人是不可能得志于天下的；②不应该以杀人而庆功，即使战争胜利了也要用丧礼处理；③战胜而不为逞强好胜，只要取得胜利，达到目的就行了，如果以兵逞强，就会走向反面。

李耳指出，战争爆发的原因是统治者贪得无厌、奢求物欲引起的。由于当权者发动侵略战争，谋求己利，给人民的生命财产造成了极大的祸患，所以说侵略者罪大恶极，好战之国便是无道之国。"天下遵循'道'的精神，就会退下战马用来耕田。天下不遵循'道'的精神，战马在郊外产仔。祸患没有比不知满足更大的了，怨咎没有比贪婪欲得更惨痛的了。所以，懂得满足的充足，就是永远的充足。"。

老子主张的是一种不动干戈、建设一种和平自然的理想社会。他本人憎恶兵器，他说：兵武，不是祥和的器物，谁都厌恶它，所以有道者尽量不使用。君子平时以左边为尊贵，用兵打仗时以右边为尊贵。兵武不是祥和的器物，不是君子应该使用的器物，迫不得已而用之时，最好以恬淡的态度处之。战胜了也不以为荣耀，而以为荣耀者，是乐于杀人。乐于杀人者，将不能得志于天下。喜庆之事以左为上，凶丧之事以右为上。偏将军位居左，上将军位居右。这就是说，以丧礼的态度对待用兵。争战死亡众多，要以悲痛哀伤的心情对待。战胜了，用居丧的礼节处置。

知人者智，自知者明

"知人者智，自知者明。"此二句文全出自老子《道德经》。智，是自我之智。明，是心灵之明。"知人者"，知于外；"自知者"，明于道。智者，知人不知己，知外不知内；明者，知己知人，内外皆明。智是显意识，形成于后天，来源于外部世界，是对表面现象的理解和认识，具有局限性和主观片面性；明，是对世界本质的认识，具有无限性和客观全面性。欲求真知灼见，必返求于道。只有自知之人，才是真正的觉悟者。

老子说：能知人者可谓智慧，能自知者可谓高明。能战胜别人可谓有力，能战胜自我可谓刚强。知道满足者可谓富有，自强不息者可谓有志。不丧失立身之本者，乃可平安长久。身死而精神不朽者，可谓是长寿。

老子说过："知人者智，自知者明，胜人者有力，自胜者强。"意思是说，能认识别人的叫做机智，能认识自己的才叫做高明，能战胜别人的叫做有力，能克制自己的人才算刚强。

胜人者小胜，胜己者大胜

"认识你自己"是中外哲人常探讨的课题之一。"知人"一定需要有智慧，"自知"则需要有超越的智慧。如果人的骄傲充填于胸时就很难知人，更难自知；哲人之所以比别人智慧是敢于承认自己的无知，苏格拉底是典型。纯朴不等同于无知，智慧也不能和奸诈划等号；许多智慧的人纯朴，许多无知的人却狡诈。战胜别人有力量，战胜自己才是强大；胜过自己的懦弱、虚骄、贪婪、恐惧，还有什么比此更强大呢？老子解剖人性的精髓，得知其内在本质。

尼采的超人哲学，其中"高贵"人本质就是权力意识志的化身。李尔王临发疯时说："我定要做那种事，是什么我还不知道，但是它将成为全世界的恐怖。"不惧怕他人的人不觉得有压制他人的必要，胜过自己恐惧的人，就不会具有尼采所谓"有艺术才能的专制君"的疯狂。尼采把人类以生具有的真诚普遍的爱，看成是恐惧的结果，实则他自己就处在憎恨和恐惧之中。

因为无知就用虚骄来掩饰，恐惧就求取强权呵护，懦弱就追逐强大，贪婪就不择手段。老子像一位良医给世人开出药方，只有胜过自己才是强大啊！

晋商的智慧

晋商就是从中国传统中继承了这种知人与自知的关系，他们甚至超越了知人者智，自知者明的智慧。他们将老子的这句话提升到了一个相当高的高度，而且，运用自如，炉火纯青。

他们的知人主要在九个方面：①观察一个人就把他派到一个很远的地方做事，要他以为，山高皇帝远，可以自行其是。这能考察他"自省"的能力，可谓一针见血。②将一个人安排在身旁，观察他的举止，言行，处世，是否庄重。一个人德行的好坏，是可以从小事，细节里窥视到的，容不得你伪装。③交给他最繁重的事做，看他是否有这个才能。商人嘛，你没这个能力，人家还会用你吗？当然不会。④对这个人问一些问题，看看他的知识怎么样。当然了，他也许知识匮乏，但有极高的悟性，一点即透，举一反三，这也是人才啊！商人最忌讳的就是呆头呆脑的人，遇事不会变通，认死理，那怎么行啊？⑤察看他的信用如何。商人最重要的就是信用，如果你没有信用，最好别在商业圈里混。⑥考察他的人缘。群众的眼光是雪亮的嘛，让别人说说你这个人怎么样，看你的口碑如何。一个没有人缘的人，谁愿意和你共事啊？⑦考察他处理事情的能力。商人整天要和人打交道的啊，一些小事，纠纷，矛盾，你处理的不好，那这生意没的做了。⑧看他醉酒后是否失态。俗话说，把酒多言是小人，而小人又是最难防的人，谁知他哪天就把商业机密给泄露出去了啊？那还了得！⑨把混杂的事交给他办理，看他对此的态度如何。如果动不动就烦躁，没有耐性，哪还敢把事情交给你办啊？

晋商能把一个人考察得如此透彻，也不得不佩服了。这样的智慧是一个商人应该具备的，这就是为何晋商能把生意做得如此成功的关键所在了，确是自有一套。所谓商场如战场，搞不好，一夜之间你就会千金散尽，竹篮打水。

《孙子兵法》云：知己知彼，百战不殆。这也是人际关系啊，打仗和谁打？动物吗？自然吗？不是，是和人。而人的思想是极富变化的。话又说回来，即使想征服动物，自然，你对它不了解，行吗？当然不行了！那如果你不自量力，以卵击石，这就更不行了！

刘邦的自知之明

一个人能看到头顶，后背却看不到，所以说，了解自我不容易！也只有真正了解了自我的人，才可成大事。

汉代的刘邦就是这样的人物，他很厉害啊！以一介布衣提三尺宝剑崛起于乱世，诛暴秦，抗强敌，定天下，创立了中国历史上延续时间最长的统一王朝，除了他敢于斗争，善于学习，在战斗中成长之外，还因为他具有高超的领导艺术，能够把一大批杰出人才团结在自己周围。这在战乱纷飞的年代能够做到自知是很不容易的，也正因为了解了别人，了解了自己，他才会做成大事。

有一次，当上皇帝的刘邦问功臣们，请大家说一说，我和项羽争天下，为什么最后得到天下的人是我？项羽为什么丢了天下呢？

这时，高起，王陵对曰："陛下慢而悔人，项羽仁而爱人。然陛下使人攻城略地，所降下者因以予之，与天下同利也。项羽妒贤嫉能，有功者害之，贤者遗之，战胜而不予人功，得地而不予人利，此所以失天下也。"

那么刘邦听了之后是怎么说的呢？他道出了别人所不知的另一面，这也正是他能够用好人，夺取胜利，取得成功的根本原因。高祖曰："公知其一，不知其二，夫运筹策帷帐之中，决胜于千里之外，吾不如子房。镇国家，抚百姓，给馈饷，不绝粮道，吾不如萧何。连百万之军，战必胜，攻必取，吾不如韩信。此三者，皆人杰也，吾能用之，此吾所以取天下也。项羽有一范增而不能用，此其所以为我擒也。"

所以说，刘邦是聪明的，知人首先在于自知，其次在于知彼。这可能就是为何孙武说"知己知彼"，而不是"知彼知己"的原因吧。人贵有自知之明，这就是最大的聪明。这个很难做到，而刘邦恰恰就是一个自知之明的人，很难得，也很可贵。

物极必反，否极泰来

老子说：将趋衰弱，必然强横；将趋颓废，必然兴盛；将趋收取，必然施予；这是微妙的事物客观道理。柔弱会胜过刚强。鱼的生存不能脱离水渊，国家的教化刑法不可张扬炫耀于民，以免使其背弃、蜕化淳朴的天性。

将要收敛一事物，必然暂且扩张它。将要削弱一事物，必然暂且增强它。将要废弃一事物，必然暂且兴旺它。将要夺去一事物，必然暂且给予它。这都是微妙的常识。柔弱总是胜刚强。

少一些虚骄，添一点谦卑

西方谚语："事物要灭亡，必先疯狂。"虽然"道"不恃强主宰万物，万物却臣伏于"道"之下。唯小见大，老子正是看到别人看不到的微小处，看到别人不愿看的微小。

圣经中《列王记》《历代志》记载：犹太人的王希西家生病而愈，巴比伦王的儿子前来慰问，希西家为炫耀自己的财富和装备，就把宝库中所有东西让给巴比伦王的儿子观看，犹太人先知以赛亚得知此事后说："日子必到，凡你家里所有的，并你列祖积蓄到如今的，都要被掳到巴比伦去，不留下一样。"果然，一百年后尼布甲尼撒王二世登基，围攻占领了耶路撒冷，以赛亚说的话被应验，历史上有名的巴比伦之囚就是由此而来。

炫耀可以满足虚荣心，但因此也会留下后患。即使富足也是上苍赐予，即使强大也是上苍恩泽，人有什么值得夸口的呢？当人们怀着感恩的心时，或许就能减少一些虚骄，增添一点谦卑，让自己安详度日了。

谦谦君子，温润如玉

飞扬跋扈的个性不属于谦谦君子，因为，玉的光芒是凛于内而非形于外的。雍容自若的神采，豁达潇洒的风度，不露锋芒，不事张扬，无大悲大喜，无偏执激狂，生命的状态在这里呈现出一种成熟的圆润。

佛家有一个词：圆融，是跟这种成熟的圆润颇为相似的境界，是以佛家讲求戒嗔、戒痴、戒贪，无欲无求，尔后能不动声色、不滞于心。谦谦君子的圆润亦同此理。

而要达到这种境界是需要修炼的。修炼是一个很奇妙的词语，人生在世实质上就是一个修炼的过程，只不过并不是人人都可以修成正果。修成佛、修成仙是尘世之人遥不可及的梦想，但磨去棱角、收敛光华、修成谦谦君子却并非太难的事情。容人之量是修成谦谦君子的前提。斤斤计较、小肚鸡肠修不成君子，开阔的心胸、通透的眼光，才是君子的气量。

剑有双刃，谦谦君子亲切柔和，少了无拘无束的冲动莽撞，却也少了率性率真的刚猛豪放。正如一个人磨砺的过程一样，成熟的获得是以天真童趣的无可追回为代价的。

要做成一些事情，首先要努力，同时有智慧，更重要的是有一种宁静如水，温润如玉的心态。我从来没有真正认可过自己，永远没有达到自己所期待的状态。这固然好，不至于忘形，但更要牢记，少的一分火候是心态。前面还有太长的路要走，只有低头用心学。等到有一天，能够平静地面对得失之时，再回头，煮酒论成败。在之前，长败一生，从不赢人。

世间万事，关键在于"度"

物极必反，是中国古代哲学概念，意思是事物发展到极度时，就会向相反方向转化。此语最早出至《鹖冠子·环流》"物极则反，命曰环流"。古人认为，世间万事万物，自有他的规律，当发展到一个顶点时，便会向着相反的方向发展。物极必反，冲刺着社会太多的现实，是上下五千年历史的结晶。

秦始皇的残暴人人皆知，他不顾人民死活，大兴土木，劳民伤财，积怨很深。在秦二世手里就毁灭了，六国统一的空前局面在瞬息间被瓦解。当唐太宗李世民把皇位传给他最无能的儿子，并在有生之年为儿子排除万难，把武则天送入了赶夜寺，可惜人算不如天算，在他去世不久武则天就被他的儿子唐高宗李治接回了皇宫，过分的善良就成了懦弱，这就造就了一个大周朝，从此天下就由一个女子掌控，也有了几十年的繁荣，这也证明了一句话"女人不是弱者"，可以与汉武帝、唐太宗等相提并论。在她当朝时，薛丁山在无意间踢死了武则天的私生子，遭到了满门抄斩，并且进行了隐秘掩埋，这可急坏了程咬金，在万般寻找下，才找到了坟墓所在地，程咬金很是高兴，站在坟墓前大笑不已，最后在大笑中死去，而他的儿子见父亲突然去世，心中甚是悲痛，在号啕中也随其父而去，这也许就是人们所说的乐极生悲吧！

我国民间有着诸多的俗语、谚语都是说得这个道理，如苦尽甘来；乐极生悲；豪门出逆子，寒门出秀才；花无百日红，人无十年悄等等，讲的是类似的道理。

不欲以静，天下自正

"不欲以静，天下自正"的意思是：上下同无贪欲，共处于恬淡虚静，天下就会自然安定。老子说：道从不超越规律任意施为，万物却能顺应自然各得其所。王侯若能恪守虚静恬淡，不贪为妄施，人民将自我进化。人民自我进化时如有人贪欲萌动，我就用淳朴之道来镇服。用淳朴之道镇服后，上下即同乎无所贪欲，这样天下就会安定下来。

返璞归真，顺"道"而为

老子所倡导的无为而治，君王持守"道"，民众反朴归真是也。"无为"并非放纵自由达到无知，"道"永远无为，万物却无匮乏。"无为"即是顺应"道"，是比"有为"更高的层次，而"有为"是凭人有限的知识具体应用到治理中，难免有许多欠缺、甚至错误与"道"背驰。"无为"是抛弃人的成见、狭隘，顺应"道"。

但是，对"道"的理解和认识是一个水平问题，老子因把自己的内心打扫干净，不盲从人云亦云，所以他能提出如此独特的观点，而后人很多时候只能望其项背。"无为"是广泛的，"有为"只是局部的；"无为"是无限的，而"有为"却是短暂的。每个时代都有时代烙印的"有为"，而"无为"却涵盖了永恒。老子用"无为"来表述"道"，引导人们在认识自然、社会、人类自身的过程中，增添一点清明，少一点狂妄；增添一点敬畏，少一点妄自尊大；增添一点谦卑包容，少一点虚骄刻薄。

以"无为"行事正是一种超越了自身狭隘的态度，而不是无知、无所作为，"无为"是清楚地认识"道"、遵循"道"、追求"道"。

"无为"与"有为"

治理国家是无为而治，还是有为而治呢？说到这里必须补充一下，老子认为大道是既有也无的，是只可意会不可描述的，无为只是他为方便我们理解而创造的一种合乎大道的行为方式，然而有了"无为"就会有"有为"，就如对和错一般。言归正传，这里的"有为"当然指的是有所作为而"无为"却不是指的无所作为，那么什么是"无为"呢？从字面上讲"无"是没有是虚空的意思，无为就是保持事物的冲虚，但为什么老子会提倡这么做呢？这其实与大自然的本质是一样的，毕竟正是由于天地之间的冲虚才会有足够的空间让容纳世间万物，正是因为天地的无为万物才能不受干涉的自由生长。从这里我们不难看出老子所谓'无为'指的是无所为却又无所不为，但究竟怎么做才能达到这种地步呢，这与治理国家又有什么关系呢？举个例子：一个装水的水壶到底是它的外壳有用呢还是里面的空间有用呢？这是一个既幼稚又深奥的问题，因为在这里无和有是高度统一的，也只有在这时任何事物才会发挥作用。

人并不是独立于事物外的个体，事物如此，人也是如此，那么由人构成的国家还是如此。本身是很简单的事有何必搞得如此复杂，"治大国如烹小鲜"，哪里需要怎么多的机构、条文呢？对人民的要求和监视越多反而会人民变得奸猾、互不信任，政治也就腐败了。相反，无为而治只要有一定的政治框架，从人民中剔除恶的保留善的，让人民丰衣足食、无忧无虑的生活着，再按大家天生品德的高低把他们从高到低如基石般垒起来又何愁天下不太平呢！

有人说这是一种愚民的政策，又有人说这会让人民丧失危机意识，但是各位殊不见一个人人都贪名爱利，奸猾不已，整天忙于追逐钱权的社会会是一个团结和谐平等的社会、一个能够抵御外敌的社会、一个真正聪明的社会吗？如此下去，司法变成形式，政府变得无力，那国家就真的危险了。我记得有首诗形容这种社会好比冒彩泡的臭水沟一般，中看不中用，那才是国家脊梁的崩溃。我们再想想，对与错不过是我们心中的标准，哪怕出发点是对的但结果却很可能是坏的，所以古往今来无为可延国祚（汉有文景之世，唐有贞观之治），有为无不后悔（汉武帝有轮台悔昭，秦经二世而亡国）。

合乎自然，天下自定

永恒的大道始终无为，但是却取得了无所不为的成果。大道运行没有轨道误差和时间误差，具有永恒的客观规律性。正是这至诚不移的客观规律性，才孕育化生出天地万物，取得无所不为的成果。

老子的朴治主义思想，在老子思想体系中居于核心地位的命题。大道无为，始终按自己的轨道运行，使得整个宇宙和谐有序；统治者无为，遵守合乎自然法则的社会法则，可使社会和平安定；自我无为，遵守合乎自然法则的人生法则，可使自我健康长寿。这里，宇宙、社会、人生是"实""有"，自然法则、社会法则、人生法则是"虚""无"，实与虚、有与无是辨证统一的，欲治实、有，必守虚、无。自然法则是永恒不变的，所以，"无为"的目的在于寻求"朴"即合乎自然法则的社会法则和人生法则，治国以法，治身以朴，则"无为而无不为。"大道之性体现了无私、无欲、无争、守柔、贵弱、谦恭、纯真、诚信、公平、正义、仁慈等特性，道性既是朴性，体现于人即为上德。人人真朴，社会自然淳朴安定。

"道"是老子哲学的中心观念，他的整个哲学系统都是由他所预设的"道"而开展的。"道"不是一种"物"，但它有"状"。而"道"的基本精神就是"自然无为"。既然"无为"合乎自然，顺乎"道"的本性要求，那么，理想的统治者就应以"清静无为"之道治国，"处无为之事，行不言之教"，任凭事物自然发展而不妄加干涉。

第五章　老子倡导的生活准则

　　道教文化认为，人生的最高价值就是得道成正果。所以，在个人的生活准则上，道教文化强调要尊道贵德，惟道是求。为了求道，必须保持恬淡无欲、清静素朴的思想，教人"抑情养性""贵生养生"，不追求外在的功名利禄和荣华富贵，不为个人的私欲而心神不安，始终保持一种"安时而处顺""知足常乐"的高尚情操，养成一种开朗旷达的胸怀，"遇人无忤，与物无争"，以崇尚节俭为荣，以攀比奢侈豪华为耻，明确主张"见素抱朴，少私寡欲"和"去甚、去奢、去泰"。

　　道教文化的宽广能容思想道教奉行《道德经》里"知常容，容乃公"的准则，这集中体现在文化方面的兼收并蓄态度，主张宽广能容，善于向不同的文化学习，认为应像海纳百川一样地融摄百家之长以不断地丰富自己，既没有西方文化那种自以为是的"精神优越感"，也没有家那种视自己为正统别人为异端邪说的排他性。

　　道教文化并不是一种远离尘世、与世隔绝、和现代生活没有关系的文化，恰恰相反，它的许多思想对当前的现实生活都有十分重要的意义，有的甚至还可以说是一种匡救时弊的救世良方，对社会主义的两个文明建设也很有参考价值。所以加强对道教文化的研究，取其精华，去其糟粕，是我们弘扬中华文化当中一项必不可少的重要任务。

不言之教，无为之益

　　"不言之教，无为之益"的意思是：不言的教导，无为的益处。这反应老子"守柔取弱"的思想。老子说：天下之至柔者，可左右、影响天下至坚强之事物。无形无状者，可深入于似无间隙的事物之中。我因此而知晓顺应客观当然的无主观妄为之有益。用客观实际现身说法的不言之教，顺应客观当然的无主观妄为之益，天下很少有人能实行和得到。

老子的"贵柔之道"

老子仙逝之际，曾问他的学生："人身上最坚硬的部分是什么"？

学生回答："牙齿"。

老子点点头，张开嘴巴探了探舌头。

学生不知其意。

老子问："我的牙齿还在吗"？

学生答："不在"。

老子又问："我的舌头还在吗"？

学生答："完好无恙"。

老子问："何故"？

学生答："不明其理"。

老子解答："守弱曰强"。

这就是老子所提倡的"贵柔"哲学。老子说，我们要柔中带刚，将顽刚化成绕指柔。要以柔克刚，百炼成钢，才能决胜千里，无往不胜。

"贵柔"是一种谦逊的风度、低调的作风，一种平易近人的态度。谦逊是礼让，可以提高人的品德修为和涵养。低调豁达，可以摒弃一些烦躁，多些淡泊名利、宁静致远的心境。友善的态度，就像夏日的清风冬天的阳光给人带来舒适和温暖。谦逊可以挫败狂妄，就像滴水可将坚石滴穿。

低调可以少惹是非，就像狂风可将树枝折断，但小草却安然无恙。

友善能凝聚人心，面对邪恶和挫折时，就会产生一种正义的力量和战斗的勇气，帮你战胜困难。

"贵柔"之道是人生的大智慧。它给你恒久的生命驱动力，一步一地去积聚能量，积聚经验和教训，最终达到成功的彼岸。

刚强与柔弱

道——客观规律，天下最柔弱的东西，却能存在于天下最坚硬的东西中。无形的东西进入没有间隙的东西中，我因此而知道不违背客观规律的好处。

拔苗助长为什么会失败，因为人破坏了植物生长发育的客观规律。因此，人在客观规律面前要"无为"。

戈壁上一快石头，在烈日、高温、干燥、风吹等条件下就会风化，这是一个规律。客观规律普遍存在在事物之中。空气可以充填到任何角落，水可以进入到任何孔隙，柔弱的东西总是贯穿到刚强之中。一个细菌落在坚固的牙齿表面，慢慢地繁衍长成牙菌斑，继而牙齿表面被腐蚀成一个空洞，洞扩大而导致一颗牙齿坏死，或其他牙也染病。老子的时代没有显微镜，看不到细菌，可是老子知晓柔弱的力量。如今得知，没有哪一种生命所依的物质不被细菌分解，微生物学也越来越被重视。

五官能感知的事物有限，超越感官的事物亦越多被人认识到，现代的心理学就是针对看不见的心理特征进行研究，以及把研究成果应用到心理医疗上。一些专家预言二十一世纪是个精神病高发时代，这与人们超负荷工作、生活节奏过快有关。有心理学家说：今天，凡有精神问题人，都在自己的血肉之躯中，负荷着时代的冲突，并且注定要通过自己的行动和挣扎，预言日后将要全面突入到社会中来的种种问题。

毕竟人是一种灵与肉的结合体，物质的高度充裕并不能替代人生的满足；在科学研究领域已经越来越重视曾经感官所不知的空间，那么，在人们的生活中走出了物质即满足一切的设想了吗？心理学家说："一味地追求感官的满足，最终将使人感到极大的不满足。"

守柔取弱

老子认为柔弱是生命的象征。老子说："人之生也柔弱，其死也坚强。万物草木之生也柔脆，其死也枯槁。故坚强者死之徒，柔弱者生之徒。"事实的确如此。人活着的时候，身体是柔软的；人死了之后，就变得僵硬了。万物草木活着的时候，枝干叶也都是柔软的；死了之后，枝干叶也变得枯槁了。所以，凡是坚强的东西，都是属于死亡的一类；凡是柔软的东西，都属生存的一类。

老子主张守柔取弱，并不是要当弱者。"守柔取弱"是为人的处世哲学，是理念、胸怀、品格；弱者是能力低下的人，是竞争生存能力低下的代名词。前者是精神追求，后者是现实状态，"守柔取弱"与"弱者"是两个完全不同的概念。老子主张柔弱并非一味追求柔弱本身。柔弱是手段，目的是刚强和生存。老子说：

> "将欲敛之，必固张之；将欲弱之，必固强之；将欲废之，必固兴之；将欲取之，必固与之；是谓微明，柔弱胜刚强。"

意思是说：收敛它，暂且扩张它；削弱它，暂且增强它；废弃它，暂且举兴它；夺取它，暂且给予它；这就是柔弱的手段。就是常说的以弱胜强、以退为进，守柔居上的道理。所以老子在归纳得出："兵强则灭，木强则折。坚强处下，柔弱处上。"的结论。

知足不辱，知止不殆

"知足不辱，知止不殆"的意思是：知道满足就不会遭致屈辱，知道适可而止就不会遭致危殆。

老子说：名声与生命哪个亲切？生命与财货哪个重要？得取名利与丧失生命哪个有害？所以，过分贪欲必然会有大的耗费；过分地敛聚必然会有过多的丧失。

欲望是人的本性，是人前进的动力。人类社会文明的产生与发展，其动力主要来自人们对物质利益、精神需要的欲望和追求。但是，人的欲望必须把握住"度"，如果把握不住，欲望过度就成了贪欲，追求贪欲不择手段就成了难以驯服的洪水猛兽，就能够使人由高尚变为卑鄙，由清廉变为贪婪，由善良变为凶恶，最终要变成开启地狱之门的钥匙。葬送事业、家庭乃至性命。

塞翁失马，焉知非福

《淮南子·人间训》里说说了这样一个故事：

住在边塞的一个老头子，一天丢失了马，别人来劝慰他，他说："这怎么就不算是好事呢？"几个月过后，这匹马领回了一匹好马，邻人来恭贺他，他说："这怎么就算作是好事呢？"他的儿子很喜爱被带回家中的马，骑此马时把腿摔瘸了。别人来安慰他，他说："这怎么就不算是好事呢？"没出几个月，边塞烽火告急，百姓的儿子们被迫参军打仗，他的儿子因腿瘸筛选留下在家中孝养父母，那些健壮男儿几乎都战死沙场。

把生命和各种事物作比较，是许多仁人志士在不同背景下提出的问题，相应就有各类答案。老子提出三个问题：生命与名誉哪个珍贵？生命与财产哪个有价值？得和失哪个是祸害？不同的人有不同答案，人在不同的时期也可能有不同的看法，而洞视"道"的老子以一种平和的态度规劝人们，生命更可贵。

人历世事太过短暂，一切的经历如同大浪淘沙，所谓的得和失不过人生的一种历程罢了；在得中失去了"得"之外的事物，在失中得到了"失"之外的事物，万事相互关联效力，叫所有生活着的人得益处，只是人们必需自己去发现益处，因为"道"依养万物，给人聪明智慧，也给人思考的空间。

然而，贪婪的心会让人们不仅失去眼前所得，甚至以前所建立、得到的一切也给毁掉。"人为财死，鸟为食亡。"如果作为一种追求财物行为的开脱，只会让人把生命和财物等同起来，由此导致思维混乱；但是老子却提醒人们应该知足、知止，一切物质的积累，不等同于人生的价值，更不能等同于生命。

知足是一种智慧

有一个民间故事：说是古时候有一位钦差大人下乡私访，路过一座桥时，听到桥下有一个人高声说："知足了，我今天知足了！"钦差大人听了之后，忙喊："停轿！"轿停之后，他叫一个差人到桥底下去看是谁在喊"知足了"。差人回来说："是一个要饭的。"钦差大人一听乐了："一个要饭的，什么事知足了？你把他叫来我看看。"这差人就到桥下把这个要饭的领上来了。钦差大人问："什么事使你知足了?" 要饭的说:"我今天吃饱了,在桥下背风不冷,脚插在灰堆里不冻脚,这就知足了。" 钦差大人说:"就这点事你就知足了,那你上轿吧,到我府上去住几天。" 差大人把这个要饭的带回府去,让管家安排一幢小楼给他住,又派了一个丫环侍候他,并给他住的这个小楼起了一个名,叫"知足楼"。这个小丫环的名字叫腊梅,因这个要饭的岁数比她爹大,比她大爷小,所以,腊梅管他叫"知足二大爷"。

半年后的一天,腊梅到楼上给他送洗脸水,他一看腊梅长得挺俊俏,就起了淫心,用手指弹了腊梅一脸水。腊梅跑回去对钦差大人说:"老爷,知足二大爷不知足了,他用手弹了我一脸水,耍戏我。" 大人听了之后,说:"小丫环,你先回去吧。" 钦差大人把丫环打发走之后,就写了一封信,备了一匹马,叫人把知足二大爷请出来,对他说:"我这里条件不好,对你侍候得不周到。江南我有一个亲兄弟,你上他那去,那里比我强。" 接着,便把那封信和那匹马交给他,还给了他两块银子,并告诉他:"这两块银子花完了,你就到他那了。" 知足二大爷骑着马,乐呵呵地奔江南去了。到了江南之后,这两块银子也花光了,他便打开信,求一个读书人给念念,看看大人的弟弟住在哪,准备去找找。只听那个读书人念到:"知足楼上戏腊梅,想起桥下那堆灰。江南哪有亲兄弟,送你江南永不回!" 可见,人是往往难以做到知足的。

古往今来,世间一直流传着不少诸如《不知足歌》:"终日奔忙只为饥,才得保暖便思衣。房中衣食俱丰足,身边缺少美貌妻。娶了娇妻与美妾,出门又嫌屋檐低。高楼大厦刚置下,走路又嫌没马骑。槽头拴了骡和马,没有官职受人欺。七品八品嫌官小,三品四品还嫌低。有朝一日为宰相,心里又想当皇帝。面南坐北掌天下,又想洞宾下象棋。洞宾与他棋下,又问哪是上天梯。上天梯子未造下,阎王老子他不依。若要人心得知足,除非南柯一梦西。" 同时也流传着一些劝人要懂得知足的,如《知足歌》:

　　"浮世茫茫,光阴有限,算来何必奔忙;人生碌碌,争短论长,却不道荣枯有数,得失难量。看那秋风金谷,夜月乌江,阿房宫冷,铜雀台荒。荣华花上露,富贵草头霜;机关参透,万虑皆忘。夸什么龙楼凤阁,说什么利锁名缰;闲来静处,且将诗醉酒猖狂。邀几个知心密友,到野外溪旁，或琴棋适兴，或趣水流畅，或说些善因果报，或论些古今兴亡。逢时遇锦，拾翠寻芳。看花枝堆锦绣，听鸟语弄笙簧。一任它人情冷暖世态炎凉，悠悠延岁月，潇洒度时光。"

清净无为，为天下正

"清净无为，为天下正"的意思是：清心方能寡欲见性，宁静则可循道致远，清静中和乃是天下正道。老子说：最完善的事物和行为似有缺憾，其用却无弊困；最圆满的事物和行为似有不足，其用却无穷竭。大直是顺应自然，所以若似枉屈；大巧是不设不施，至妙无机，所以若似迂拙；大辩是实事求是，惟恐虚妄，所以若似口笨。

大勇若怯，大智若愚

老子却认为清心安静才为天下的正道，一台机器转动起来总需要速度限制，否则超过承受就会散架。幸而地球上的热泉资源所占比例甚少，所以大面积地区可有生命存在，从自然界现象可以地看到安静、冷静的优势，由此不难理解老子思想平静之中所藏智慧。

火山热泉如同一口沸腾的汤锅，所有内含物都在不停歇地躁动着。今天，一切都那么快捷，各种事物的速度达到前所未有的限度，种种速战速决的事物应运而生，随之而起的"快餐"进入到方方面面。无论"快餐"是否营养，随着引导，躁动的心也乐于接受。

真正完美的事物常让人们觉得有欠缺，甚至成为人们所认为的负面。苏轼也说过："大勇若怯，大智若愚。"但是人们常会被表面现象迷惑，"以貌取人"的事为心有所图的人有机可乘，包装的策略被广泛应用，要透过现象看到本质，人真得有一双慧眼，不仅看自身之外事物，还得学会看待自己。

静心是安心工作之本

"清静无为"为道教修道之本,老子以"清静为天下正"。《道德经》十六章说:

> "致虚极,守静笃。万物并作,吾以观(其)复。夫物芸芸,各复归其根,归根曰静,是谓复命。复命曰常,知常曰明。不知常,妄作,凶。知常容,容乃公;公乃全。全乃天;天乃道,道乃久,殁身不殆。"

在这里,老子强调了致虚守静的工夫修养和复归之理。"致虚"就是要消除心灵的蔽障和厘清混乱的心智活动,而后才能"守静",通过"静"的工夫,深蓄厚养洞察力,才会"知常曰明",不会因"不知常",而"妄作,凶"也。

老子之后,庄子强调少私寡欲,以静养神,这是道教静中养生的思想理念。魏伯阳的《周易参同契》则云:内以养正安静虚元,原本隐明,内照形躯。司马承祯的《坐忘论》云:"心为道之器宇,虚静至极,则道居而慧生;身与道同,则无时而不存;心与道同,则无法而不通。"又云:"静则生慧,动则生昏",这则是道教静中处世的指导思想。

"静心",才能"知其雄,守其雌""知其白,守其黑""知其荣,守其辱";静心,才不受名利得失困扰,不因进退去留而影响;静心,才守得住清贫,耐得住寂寞。

总之,静心是安心之本。人们的心境达到虚静的状态,才会时刻保持谦虚谨慎、不骄不躁之风,才会在工作中出实招、办实事,求实效。

净心是清正廉洁之源

净明道重要典籍《太上灵宝净明洞神上品经》的序言:"净明者,无幽不烛,纤尘不污",由此而见,天地万物之间,洁净不染,没有丝毫的灰尘存在,是谓之"净"也,如果完全用人性的角度看待"净"的含义,那就是"不染"。

"不染"的含义很广泛,老子《道德经》十二章说:

"五色令人目盲，五音令人耳聋，五味令人口爽，驰骋畋猎令人心发狂，难得之货令人行妨。是以，圣人为腹不为目，故去彼取此"。

就从色尘（视根）、音尘（听根）、味尘（味根）、香尘（嗅根）、触尘（触根）、法尘（法根）六方面形象勾画了人们因贪婪而染色、染音、染味、染心、染身所导致的严重后果。故后人云：六根清净、一尘不染。西汉智者河上公给此章命名为"检欲"，意在教人约束，收敛人们的贪欲之心。

再看老子《道德经》十三章：

"宠辱若惊，贵大患若身。何谓宠辱若惊？宠为下，得之若惊，失之若惊，是谓宠辱若惊。何谓贵大患若身？吾所以有大患者，为吾有身；及吾无身，君有何患！故，贵以身为天下，则可寄于天下；爱以身为天下，乃可以托于天下。"

在这里，我们可以看出"宠辱若惊"的根源就在于"为吾有身""为吾有身"就在于人的心性不能清净如水，清澈透明，把个人看得太重，把自己的名利、地位看得太重。如果恬淡处世，致虚守静而见素抱朴，少私寡欲，何来"贵大患若身"呢？

由此可知，净心能使自己自觉地坚持自我反省，能时刻检束自己的贪欲之心、遏制自己的非分之想。净心是保持清正廉洁的源泉。

足不出户，知天下之事

老子说：不必出门面面俱到地去了解，就能知天下事物的基本道理；不必频频观望窗外，就能知其自然的普遍法则。走得越远，被纷乱所迷，对"道"的主旨就明白越少。所以，圣人无须四处出行就能知晓万物的普遍之理，无须事事亲眼窥见就能明晓事物始终，不待一厢情愿的执意施为便能有所成就。

人类为什么要"求知"？因为"知识能塑造人的性格"。求知能改变人的天性，是社会发展、人类进步所不可缺少的。求知过程彷徨犹豫，秉着那份激情和执着，痛苦中挣扎与探索，待到疑云渐散，豁然开朗时，蓦然回首，曾经痛苦的记忆却已模糊，而需坚持不懈地迎接下一团云雾。尽管留下身心的疲惫和憔悴，收获的却是发自内心的充实与欣慰。

求知是人类的本性

早在 2000 多年前，亚里士多德就曾经提出："求知是人类的本性"，而目前信息环境的改变，知识更新的加快，竞争对受教育程度的要求，以及人们对生存、安全、交往、受尊重与自我实现等的天生追求，所有这一切都是不断求知的强力催化剂。继续教育、终身教育越来越成为人们自觉的理性行为。

每个人的未来都依赖于对于学习能力的掌握，结合信息化社会为我们提出的新要求，终身教育的重要性，把原本单一的、阶段性的学习扩展为贯穿人一生的自觉学习，学习和求知成了与我们生活的每一个阶段息息相关的事情。在这一大前提下，传授给人的不是过去单一的知识积蓄，而是一种学习的能力，一把开启学习之门的钥匙。

求知可以作为消遣，可以作为装饰，也可以增长才干。当孤独寂寞时，阅读可以消遣。当高谈阔论时，知识可供装饰。当处世行事时，知识能增进才干。有实际经验的人虽能够处理个别性的事务，但若要综观整体，运筹全局，却惟有掌握知识方能办到。读书太慢会弛惰，为装潢而读书是自欺欺人，只按照书本办事是呆子。求知可以改进人的天性，而经验又可以改进知识本身。人的天性犹如野生的花草，求知学习好比修剪移栽。学问虽能指引方向，但往往过于泛泛，还要靠经验来赋予形式。狡诈者轻鄙学问，鲁愚者羡慕学问，聪明者运则用学问。知识本身并没有告诉人怎样运用它，运用的智慧乃在书本之外。这是技艺，不体验就学不到。

求知关系到一个人的身心健康，也关系到一个人的智商和情商，更关系到一个人的道德品质。哲学家洛克曾经说："知识不是天赋的。"被知识熏陶过的人往往在人生道路上更容易成功，也更易获得独具魅力的性格。率真耿直、笃诚照人的翻译家傅雷，朴素平淡、纯朴自然的作家沈从文，幽默达观，嫉恶如仇的画家丁聪，博大精深的武侠小说高手金庸……他们之所以有超出常人的建树，就是因为他们把知识的"进补"当作人生成功的一个先决条件。一生学习，一生受益。

老子的认识论

以往批评老子的认识论是彻头彻尾唯心主义先验论的论著，都要引"不出户，知天下"作为论据。这样的认识实际是一种误解。老子是一位博学多识之人，他有丰富的生活实践经验。我们还可以看到许多涉及社会生活和自然界的内容，这些都表明老子极为重视生活实践。但更重要的是，老子是极富智慧之人，是天才的哲人。他的意思是，并不是什么事都只有经过本人的实践才能认识，那是不可能的。因此要重视理性认识，间接知识。"不出户""不窥牖"这类极而言之的强调手法，从古到今都是普遍应用的。不过，我们的看法是，研究老子，研究《道德经》，应当深入体会其中蕴含着的真实观点，不可望文生义，更不可片面理解。同时，还要坚持历史唯物主义的思想方法。因为正确地说明感性认识和理性认识的辩证关系，这不是春秋时代的思想家们所能够解决的重大哲学论题。

寻求真正的智慧

一般而言，经历越多就知晓越多，可是老子认为相反；他笔下的圣贤人是不行而知，不见而名，不为而成。今天的交通顺畅以助人们快速达到目的，上网聊天、追星捧偶像、健康咨询、取名算卦、买房求偶、美容寻情等等，在各种便利中人或许不是真正知晓太多，而是被种种名目的诱惑弄得头昏脑涨，一颗颗漫无归宿的心就在这些复杂事下惶惶不安。

各种教育可以使人们得到很多技巧、学识，人们企图获得力量以驾驭天性，获得知识以增加力量。可是，有一个现象，心理学家接待越来越多缺乏感受能力的患者后，统计发现患者多数是有很好素养的知识分子，他们可以就自身问题天南海北地谈个不停，却无法体验真正的感情，心理学家称这种强迫性格为"活机器"。心理学家认为，当人的内在生活枯竭，感受力下降冷漠感增加，人无法影响甚至无法接触另一个人时，暴力就常常成为驱动力。

　　人本来就不是一台机器，不是用指令式的技巧就可以控制和操作，在指令式的学识之外还有很大区域，因为人类的生命及意识是一种物质及灵性的事实、生理与心理的事实的互相依存，任何绝然分割的做法都将是一种悲哀。在对知识顶礼膜拜之后，老子提倡返璞归真寻找人之根本的思想又一次不辩自明，真正的智慧并不是累积知识，而是寻求智慧。

善养生者，以其无死地

　　"善养生者，以其无死地"的意思是说：善于养生的人，不为贪欲而自蹈死地。

　　老子说：人出世为生，去世为死。长寿者，占十分之三；夭亡者，占十分之三；本来可以为生，却因自己的妄为而致死亡者，也占十分之三。是什么原因呢？是他们贪欲生活丰厚的缘故。听说善于养护自己生命的人，陆行不会逢遇凶恶的犀牛和猛虎，战乱时不会遭受杀伤；牛无处用它的角，虎无处用它的爪，刀无处用它的刃。这是什么原因呢？是因他顺应自然，不为贪欲而自蹈死地。

　　老子看到战事不断的焦土，也明白人类求生的欲望，他倡导人们遵守"道"，因为生命是"道"的恩赐，如果兕没有投角之地，虎无下爪之处，利器无施展锋利之处，怎能不保全生命呢？动物伤害人类的数目与人类自相残杀的数目相比简直微不足道，不是吗？

　　道家所主张的"道"是指天地万物的本质及其自然循环的规律。自然界万物处于经常的运动变化之中，道既是其根本法则。人的生命生命活动符合自然规律，才能够使人长寿。这是道家养生的根本观点。

老子的养生观

　　老子的养生观，主要有以下四点：

　　1. 主静。老子在政治思想上主张无为而治，在养生方面也主张无为，好静。《老子》第十章提出致虚极，守静笃，即尽量使心灵虚寂，坚守清静。

　　2. 福祸相互转化。《老子》中有朴素辩证法思想的因素，它提示了客观世界的一些对立面，提出了矛盾的某些法则，特别是正反两面相互转化的法则。在谈到福和祸的关系时，老子说："祸兮福所倚，福兮祸所伏。"韩非子在《解老篇》里对此解释说：人有祸害，心里恐惧，心恐惧则行为端正，行为端正则思虑周到，思虑周到则明白事理，行为端正则无祸害，无祸害则尽天年，明白事理则必成功。尽天年则长寿，必成功则富贵。长寿富贵叫做福。而福本于有祸，所以说，祸兮福之所倚。人有福自然是富贵，富贵自然衣食美，衣食美自然骄心生，骄心生自然行动淫邪，举动违理。行为淫邪自然要短命，举动违理自然无成功。短命无成功叫做祸，而祸本生于有福，所以说，福兮祸之所伏。

3. 去甚、寡欲。老子主张去甚，去奢，去泰。就是去掉那些极端的、奢侈的、过分的措施。他认为过分地求生存反而会致死。《老子》第五十章谈养生问题时说道：

"出生入死。生之徒十有三，死之徒十有三，人之生，动之死地亦十有三。夫何故？以其生生之厚。"

这段话的意思是说，离开了生存必然走向死亡。生、死的条件各占十分之三，为了求生存而一下子陷入死亡的范围也占十分之三。这是什么缘故呢？恰恰是由于他过分求生存的缘故。

《老子》第十二章中说道：

"五色令人目盲；五音令人耳聋；五味令人口爽（伤）；驰骋畋猎令人心发狂，难道之货令人行妨（窃掠）。是以圣人为腹不为目。故去彼取此。"

这是劝人清心寡欲。

4. 躲避危险。《老子》第五十章谈道：

"盖闻善摄生者，陆行不遇兕虎，入军不被甲兵。兕无所投其角，虎无所措其爪，兵无所容其刃。夫何故？以其无死地。"

这是说善于养生的人总是设法避开猛兽、刀兵等危险。

老子有关养生思想，对后世影响较大。他那种虚无主义的静的养生观，与体育锻炼相对立，是消极的、不全面的观点。但是，在这方面，他那朴素的辩证法的思想，以及去甚，节制嗜欲的主张还是可取的。

老子的气功养生

关于气功养生，老子主张"至虚极，守静笃"，维持清净不乱的态度，维持清净不乱的态度，保持旺盛的生机。他认为，口吐浊气，鼻引清气，四肢脏腑皆受其润。如山之纳云，地之受泽。若练得气之十通，则百病不生。他说"知神气可以长生，固守虚无以养神气，神行则气行，神往则气往。若欲长生，神气相注。"老子这种主张集中地表现在他用气功养生的行动中。传说老子在80多岁时，生过一场病，吃了一段时间的药，没有见效。有一天，他拖着病体来到一座山坡上，向长长的一片树林走去，自觉身体越来越轻松，便效法天道的动静结合，试验起天道治病的气功方法来。后来，人们把老子的气功方法称为"练三丹"（上丹田、下丹田、中丹田），即炼丹祛病。老子自从练气功后，疾病很快痊愈了，并越来越强壮起来。

第六章　老子的社会政治思想

在"大道废"的现实中，老子认为"仁""义""礼"已经成为统治者的拘锁人心的工具，早已失去了它们本身具有的淳朴纯真的自然之性。而统治者的贪欲不断是社会动乱的根源，他们所推行的"有为"政治是社会的灾难。因而老子提倡"无为而治"，主张少私寡欲、清静无事、以民为本、绝巧弃智。"小国寡民"是老子的理想社会，那是个天下安定，老百姓安居乐业的"世外桃源"。

在老子的思想体系中，人道是天道在社会政治领域的落实，是对天道的效法。天道是自然无为的，因而人道也应是自然无为的。但是统治者却违背自然无为的原则，肆意地扩张与满足一己私欲和野心，导致社会危机，置人民于深痛苦难中。在丰富的历史经验和充分的哲学理论基础上，老子提出了他独特的政治主张——"无为而治"的著名政治理论。老子说："爱民治国，能无为乎？"又说："圣人处无为之事，行不言之教。"更以"治大国，若烹小鲜。"形象生动地说明"无为而无不为。""无为而治"是老子为统治者立言，是对统治者的忠告。

晋朝诗人陶渊明构想了一个没有战乱与罪恶，充满和平与欢乐的世外桃源，表达了他对黑暗现实的不满和对美好生活的憧憬，受到了高度的评价，而主张"小国寡民"的老子却遭到了苛刻的评价，认为他企图使历史倒退回原始社会的时代。诚然，"小国寡民"在形式上可以说是复古的，欠缺积极的进取精神，但在这一复古的迷彩下却潜含着对现实的超越，是老子对现实社会的改造方案。老子的构想的理想社会"至治之极""甘其食，美其服，安其居，乐其俗"，这不是没有国家和政府，穴居洞处、茹毛饮血的原始社会所能相比的。在这种理想的国度中，没有刑罚律令等强制性的约束规范，也不需要仁义忠孝等自觉的道德规范，人们单是依循自然形成的古老习俗就可以和睦相处，相安无事。

以正治国，以奇用兵

"以正治国，以奇用兵"的意思是：以正直的教化治国，以诡奇的方法用兵。老子说：我主张以正直的教化治国，以诡奇的方法用兵，以不扰攘人民为原则来治理天下，根据就在于：天下的禁令、忌讳越多，人民就越贫穷；民间损人利己的器物、方术越多，国家就越混乱；人们的智诈伎巧越多，各种旁门左道就会滋生；法令越是繁苛，盗贼就越多。

在老子的时代，惩罚与酷刑并举，但是酷刑的结果只是让人皮肉受苦，受刑罚的人有的被威慑，有的因此激起了仇恨意识伺机报复，以牙还牙、以血还血就成为一种行为准则，结果却不能唤醒沉睡的灵魂。或许老子站在更高处看待世人，如果人们都能认识"道"了，从根本上解决人的问题，法律又能限制什么呢？

政治路线和军事策略的不同处

以正道治理国家，以诡道用兵作战，这是政治路线和军事策略的不同处。老子的以正治国就是推行无为政治，在他看来，符合冲虚、自然、谦下之道的就是"正"。在卜辞中正是"征"的本字，就是出兵围攻城邑，"利用行师征邑国"是也；在篆文中，正是止一，天下公认的统一标准就是"正"。卜辞中奇是骑的本字，像人骑在马上，后来转作不正之义、不俗之义或不偶之义，出奇制胜就是采用特别的策略取胜。老子说："以正治国，以奇用兵，以无事取天下。吾何以知其然哉？以此。夫天下多忌讳，而民弥贫；民多利器，国家滋昏；人多伎巧，奇物滋起；法令滋彰，盗贼多有。故圣人云：我无为而民自化，我好静而民自正，我无事而民自富，我无欲而民自朴。"以清静无为的正道治国，以出奇制胜的方法用兵，以不扰民来治理天下，我怎么知道这样做呢？根据就在于：天下的禁令越多，百姓就越陷于贫穷；民间的武器越多，国家就越陷于混乱；人们的技术越巧，奇怪的物品越多；法律越是分明，盗贼反而越多。所以圣人说：我无为，人民自然顺化；我清静，人民自然端正；我不搅扰，人民自然富足；我没有贪欲，人民自然淳朴。

老子又在四十八章说:"取天下常以无事,及其有事,不足以取天下。"他在三十九章说:"古之得一者,天得一以清,地得一以宁,神得一以灵,谷得一以盈,万物得一以生,侯王得一以为天下正。"这里的"一"就是冲虚清静、自然无为之"道""侯王得一以为天下正",也就是"以正治国"的意思。

法律并不能阻止犯罪

人类一旦被指令或命令,就本能地产生逆反心理,这或许是始祖就有的性格特征。《圣经·创世记》记载:一天,一条狡猾的蛇问夏娃:"上帝岂是真的不许你们吃园中所有树上的果子吗?"夏娃对蛇说:"园中树上的果子我们可以吃,惟有园当中那棵树上的果子,上帝曾说:'你们不可吃,也不可摸,免得你们死。'"蛇又一次对夏娃说:"你们不一定死,因为上帝知道,你们吃的日子眼睛就明亮了,你们便如上帝能知道善恶。"于是,他们吃了果子,知道自己赤身露体,就用无花果树叶遮蔽自己,并藏匿起来,以躲避上帝的寻找。

一个有趣的现象,新油漆的地方贴出告示禁止触摸,却总会留下许多手迹;才抹的水泥路面,若不是强行阻拦,仅有告示的话,就会有许多足印。法律、法规是规范社会、民众的行为准则,特别在国家建立规则上起到作用。但是人们并不因有法律就完全接受规范,也不因法律的局限漏洞而不犯罪,法律对犯罪事实的惩罚并不能阻止犯罪,许多受过惩罚而重操旧业的例子以及还准备着走这条路的人即可说明。

尧在位时,黄河流域发生了很大的水灾,庄稼、房屋被冲毁,百姓流离失所无法生存。尧召开部落联盟会议,商量治水问题,首领们推荐鲧去。鲧花了九年时间治水,却没有把洪水制伏。因为他只懂得水来土掩,造堤筑坝,结果洪水冲塌了堤坝,水灾反而闹得更凶了。

舜当首领时,亲自到治水的地方考察,他发现鲧办事不力,就把鲧办罪杀了,又让鲧的儿子禹去治水。禹改变了他父亲的做法,用开渠排水、疏通河道的方法,把洪水引到大海去,被洪水淹没的地方露出来又可以种庄稼了。

爱惜精神，节省意识

老子说：管理人民，事奉天道，没有比啬其私欲自见而不主观妄为更重要的了。唯有啬惜自见而不主观妄为，才可谓是及早服从了天道。及早服从了天道，可谓是不断地积"德"；不断地积"德"则可无往不胜，无往不胜则不知其能力的极限；能力不知极限者就可以担负起管理国家的重任。掌握了治理国家的原则，统治就可以长久。这就是深根固蒂，使国家长治久安的方法。

秦国的悲哀

老子推崇无为之治，治理人事奉天应该各啬自己的知识机巧，这与常人的理想相反，人们总是用许多的聪明来显明自己的与众不同。各时代、机构都有各自宏大计划以及相应的上层建筑、经济基础等等繁文缛节。治理者们常绞尽脑汁用种种方法挑起人们的欲望，引导人们的视线，唤起人们的热情，以此来达到自我设定的理想化状态。

战国末期的秦国秦王政兼并了最后的六国，统一中国，结束了战国时期混战二百五十年的历史局面。秦王自觉功绩比传说中的三皇五帝还要大，就自称为始皇帝，他规定子子孙孙接替皇位直到千秋万代。他统一文字、车轨、度量衡，以利于人们的文化交流，交通往来，买卖交换，并且修筑接补长城以便抵御外敌。为了建立威望颁布严酷明细的律令，为了防止读书人的思考，而把百家言论的书籍烧毁，并且勒令谁再谈论这些思想就要被办罪，甚至满门抄斩。这是一个整齐划一的理想模式，然而，最后的事实与始皇帝的计划完全相背，秦朝在漫漫的历史中仅存不足十五年。

君主不爱民，天下大乱

先来看看中国文明史上的重要人物，老子、孔子、墨子以及百家诸子所处的时代烽火连天，民不聊生，而春秋战国四五百年的持续战乱在中国历史上是非常特殊和罕见的，但也奇怪，春秋战国之后的中国历史就很难再出现如此不堪收拾的跨越四五个世纪的战乱现象了。

在中国的历史上圣贤的作用是最大值的，一部中国文明史的巨大舞台上圣贤林立，英雄辈出，老子之后有庄子、鬼谷子，孔子之后有孟子，荀子之后有韩非子，正所谓众彩纷呈，智慧闪耀。

圣贤的智慧是深远的，中国人的特性是逞能显智，这样的民族特性始终是纷争不休，老子希望中国人能够注重道德，那样会让整个民族福德绵长，但是以当时中国人的民族特性是不可能做到的，于是他失望地西度流沙而去，留下"道德流失仁义始出，礼者兵祸之源"的论断。

墨子"知其不可为而为之"，他"兼爱""非攻"的思想是这个世界上最早倡导的人文精神理念，遥想那个遥远的时代，墨子着布衣，粗食淡饭，不辞辛劳行走天下，为人民排忧解难，是何等伟大的精神啊！不要以为春秋之后墨子的名声不怎么大，中华民族正是因为有了这个精神所以"分久必合"。

孔子是聪明的、是伟大的，他著书立说的时候已经明白了中华民族的民族特性在短时间内是不可逆转的，只能够因势利导，他为智慧多多的中国人设定了个人奋斗的一整套完美的程序，那就是大家熟悉的格物、致知、修身、齐家、治国、平天下，不只如此，他还以他的伟大人格个人修养聪明才智征服了一代又一代中国人，崇峻的高山是我们所仰望的，圣人的德行是我们所效法的。

话说回来，任何圣人的教育都是有缺憾的，老子的思想被挤压成了道术帝王术阴谋术，墨子的思想几乎没有被应用，孔子的思想也是如此，孔子的理想只有一大部分被帝王所采纳，"民可使由之，不可使知之"，很好地说明了孔子"君君、臣臣"的理想社会状态，那就是民众各安本分，不要造反，君主要爱民、亲民，但君主都只是想要民众忠君，安分守己，却并不注重自己应该爱民、亲民，当君主不爱民的时候天下就大乱了，孔子的理想社会状态也就崩溃了，这才是造成中国的历史合久必分的真正原因。

节省民财，休养生息

中国历史上借用道家思想实现国泰民安的明君也不在少数。封建社会开国之时，为节省民财、收买民心，君主一般都会知趣地让国家"休养生息"；待国库充实、国力强盛，便又恢复了"外儒内法"的强国地位。

休养生息政策指大动荡或长期战乱以后，统治者不搞劳民伤财、严刑酷法的统治，改以宽刑薄赋的政策，保养民力，增殖人口，以达到恢复和发展经济、稳定统治的目的。休养生息政策自汉高祖开始，历经几代统治者（惠帝、吕后、文帝、景帝），执行了六七十年。结果是"海内殷富，国力充实"。汉高祖在位时，为了与民休息，除了让士兵复员生产，让战争期间逃亡的人回家，把卖身作奴隶的人释放为平民，规定十五税一之外，还采取了下列措施：①调整和建立新制度；②压抑商贾。规定商人不准作官，禁穿丝织品，禁带兵器、骑马，并向商人征收重税；③对匈奴和亲；④消灭异姓王分封同姓王。如以谋反罪名杀韩信和彭越。汉高祖与民休养生息，一方面调整了生产关系，使之适应生产力发展的需要，巩固了封建的经济基础；另一方面初步建立起西汉王朝的一套统治制度，恢复和完善了自秦以来建立的封建社会上层建筑，从而为西汉的强盛奠定了基础。

治大国，若烹小鲜

老子说：治理大国，如同煎小鱼：繁扰则鱼烂，妄为则民伤。以道来治理天下，那妖孽之徒就不作怪。不是妖孽之徒不作怪，是作的怪伤不了人。不但妖孽之徒作的怪伤不了人，而且圣人的治理亦不伤人，两者都不伤人，所以德泽就会滋润人民了。

过去，关于这句话是什么意思，有各种各样的解释。一种解释说，小鲜是很嫩的，如果老是翻过来、翻过去，就会弄碎了；因此治理大国也不能来回折腾。这种解释虽然接近本意，但没讲到"妙"处。懂得烹饪的人都知道，烹饪技术的核心部分，就是掌握火候。而小鲜，又是各种烹饪材料中最为娇嫩的，更要细心伺候。所以治理大国的最高境界，就是小心翼翼地掌握火候。那么，怎么掌握火候，大国又如何可以被比作小鲜？这个问题比较复杂，但也可以大而化之道来。简单地说，治理国家，首先要考虑人民的性质。

"治大国若烹小鲜"这句格言，言外之意就是不能乱折腾、大折腾，老是翻锅。老子的这句话自从两千多年前说了以后，相信历代稍微明智一点的君主，都是铭记在心的，至少在现在，我们还没有资格忘了这句话。

掌握好治国的火候

烹鱼需要三个阶段：第一个阶段，把鱼洗净加入调料放入锅中；第二个阶段，等待贴锅的那一面烹熟；第三个阶段，翻过去烹另外一面直至烹熟。这里面的关键就是火候，如果翻来搅去，鱼肉就会碎掉；如果不动，就会一面烧焦，另一面却尚未烹熟。

在老子的那个时代，哪个国家只要有超过万辆的战车，就算是大国了。国家越大，治理难度也越大，因为人心变得更加复杂，对不同法令和政策的理解也会千差万别。所以老子建议，大国的领导者们，当法令颁布以后就不要轻易摇摆，而要坚决贯彻，留有足够的时间和阶段让大家熟悉和领会法令的真正涵义，最后才能执行到位，做到上行下达，实现法令颁布的目的和初衷。

贯彻和执行老子这条治国方略的，首推春秋战国时的秦国。公孙鞅针对当时秦国虽然颁布了大量的法令却不执行最后使得百姓们不知所措的现状，先从执行为突破口，重赏执行法令的人，然后废除过时的法令，重新拟定条例并坚决贯彻。在其有生之年，实现了秦国的制度化管理，建立了秦国的执行文化和执行体系。

认识"道"，灵魂的真正自由

被权力所控制的人为一生追求不惜代价，不惜泯灭良知、手足相残。三国时期曹操的儿子曹植自幼聪慧，无奈兄长曹丕为争权相逼，要他在七步之内做诗一首，否则就将被杀。他愤然写道：

煮豆燃豆萁，

豆在釜中泣；

本是同根生，

相煎何太急。

历史上手足相残、父子相弑的事情何止一二？对金钱的追求，人们可以达到如醉如痴的境界，不惜弄虚作假、图财害命。

人们对不可获企的力量、能力、权力的崇拜，以至于生活的方方面面都可成为一生一世的渴望与追求。对力量的崇拜，带有能量的所有东西都可成为偶像，如太阳、月、星、风、雷、闪电等；对权力的崇拜，君王、英雄、文人墨客的地位等，这些都可以成为人的一生抹之不去的追求而加以敬拜。老子的眼光很远大，当他看见"道"降临天下时，一切被偶像所束缚的人就可以得到释放，妖魔鬼怪不再灵验，虚妄的偶像也不能伤人。只有这样，"德"才回归了，人们才能建立起德来。

回归淳朴，天下的福祉

老子说：古时善于遵循道治理国家者，不是让人民趋向机伪巧诈，而是让人民保持淳朴。民众之所以难于治理，是因他们损人利己的奸诈机谋繁多。所以，用智巧来治理国家，是国家的祸害；不用智巧来治理国家，是国家的幸福。知道这两种治国的差别，就是一个法则。恪守不渝这种法则，可谓是玄妙的德行。这玄妙的德行博大精深，似与事物相反，然而却能达到长治久安。

老子塑像

通常人们认为聪明比愚昧好，强悍比柔弱好，精明比憨厚好，而老子却反过来认为后者较好，"民之难治，以其智多"，这就是老子又一个与众人相反的观念。

趋"道"而行，趋利避害

《老子》的"道"贯穿了其中每一篇文章，或明或暗，或近或远，或实或虚，"道"总是在现实中延伸、延展，在历史中延续，在老子的视野中拓展，仿佛汹涌奔腾的江水总是趋向自己的归宿，老子的视野不为江河中的逆流而阻断，其主流总是顺应着自身的规律向前奔去。

在老子生活的时代风云四起，各种计谋诡诈倍出，人们生活在一个到处布满陷阱的环境之中，哪里能寻到平安呢？民众追求计谋的同时带来社会更加动荡不安，反过来又促使人们寻求更诡诈的计谋以对付别人。人的本性中就存在趋利避害的特点，但是如此的寻求逃脱不了恶性循环的束缚，在老子看来这些表现正是人们远离"道"而带来的恐慌和不安，他渴望民众回归淳朴，顺应"道"才是天下的福祉。

以道治国，大而化之

古时善于以道治国者，就是不让人民多见奸巧诈伪，以免让其破坏了人民本性的淳朴性。所谓的"愚民政策"，并非欺骗，乃是弃智守真、正己正人、隐恶扬善之意，是用"道"导民，使其保持其质朴而不趋向诈伪。《淮南子》中说：

"在上位者，左右而使之，毋淫其性；镇抚而有之，毋迁其德。是故仁义不布而万物蕃殖，赏罚不施而天下宾服。其道可以大美兴，而难以算计举也。是故日计之不足，而岁计之有余。夫鱼相忘于江湖，人相忘于道术。"

如果说，老子上面的理念，就是愚民，那么，老子的这种所谓"愚民"，就是不以声色、形名、智术扰乱民众的本性。用大道化民，是要人人从根本上用功，正本清源，使之返璞归真，使国家民淳俗厚、长治久安。此乃国家民众之大福。

《淮南子》中说：

"夫牧民者，犹畜禽兽也，不塞其圈垣，使有野心，系绊其足，以禁其动，而欲修生寿终，岂可得乎！故儒者非能使人弗欲，而能止之；非能使人勿乐，而能禁之。夫使天下畏刑而不敢盗，岂若能使无有盗心哉！故以汤止沸，沸乃不止；诚知其本，则去火而已矣。"

孔子也说："听讼，吾犹人也。必也，使无讼乎？" 西方哲人哈伯德也曾说道："据说教堂可以拯救罪人，科学则是探索不再产生罪人的道路。" 而老子这种 "愚民" 哲学思想的本意，却是要造就一个使人不生犯罪心念的社会。严复说："其所为若与物反，而其实以至大顺。而世之读老者，尚以愚民訾老子，真痴人前不得说梦也！"

看似矛盾，并不矛盾

老祖 "愚民" 目的是为帝王谋划，最终是为了维护侯王的统治。老子的思想还是不能脱离帝王专制思想。他强调 "民不畏威" "民不畏死"，只是提醒统治者 "治大国若烹不鲜"，要小心治理民众，否则反而被民众推翻。这些全是为统治者着想。老子的 "愚民" 与孔子强调 "周礼" 和韩非以 "峻法" 治国颇有相似之处。他们的思想都是一心只为维护专制者地位服务。他们都不曾强调民众应为私利抗争；不曾主张统治者的统治应来自公民的同意，并应遵守其与民众的契约；从不主张民众个人应是自由的。因此，老子能为今天中国民主宪政思想提供可用的资源不多。

此外，老子、孔子、韩非等人为帝王谋的主张为中国人造就了一门学问——帝王术。这是一个很坏的传统，此后，封建社会中国的知识分子便争着当君主的老师。这个传统绵延了两千多年。

而帝王术中最重要的术就是 "愚民"。中国在老子之后的知识分子，在各个时期都少不了教帝王如何进行 "愚民"。所以，自秦帝国以来类似 "焚书坑儒" 的 "文字狱" 在封建社会频繁重演。老子在《道德经》中希望把君王教导成圣人，有时干脆把两者等同起来。后来的知识分子也是这样把帝王塑造成圣人，让全中国只有一个人聪明，如果有人比帝王还要能干，那么天下将会大乱。中国知识分子在通过"愚民"来造就圣君的同时，也把自己矮化为帝王的奴仆，思想完全受帝王思想禁锢。

民不畏死，奈何以死俱之

老子说：人民不怕死，怎么能以死刑恐吓得住他们？倘若能使人民生活幸福，以至于乐生怕死，而有为非作歹者，对其严惩不贷，谁还敢做恶？犯律者应由司法者惩治。如随意代替司法者惩治，便如同代替木匠砍木材，代替木匠砍木材者，少有不伤其手的。

老子认为生命是"道"赋予世界最美好的礼物，地球上所有生命中，人又是"道"的最高杰作。然而，老子生活的年代，早已是战乱四起，常可以见到横尸遍野的景象。老子就此深深思考，生存是每个人所渴望的，现实中谁有生杀欲夺的权利呢？他承认社会上有执刑者的存在，但是每个生命的存在与否都由谁人来掌握呢？

死刑只是手段，不是目的

死刑永远都不是目的，而只应该是手段。国家的长治久安才是目的，对于罪大恶极的人处以死刑，这对其他有作案动机的人是一种威慑。威慑在一定程度上可以使试图作恶的人不敢作恶，这就保证了社会的治安，使绝大多数人能够安定的生活。这才是死刑的意义。

"民不畏死"，为什么"不畏死"？人的天性就是"畏死"，之所以"不畏死"是因为有比死更不能忍受的东西在压迫他们。孟子说："所恶有甚于死者，故死有所不避也。"当统治者对老百姓的压迫已经到达了让老百姓宁可死也不愿意承受的地步，那么当然就"民不畏死"了。

治理天下的基本条件就是要"以百姓心为心"——关注老百姓的根本利益。这是个大前提，这就是"恩"；有了这个"恩"作基础，才有"威"的施展余地。

"威"是建立在老百姓对政府的"信"的基础上的。"信不足，焉有不信。"——老百姓不信任政府，只是因为政府自己不够诚信罢了。只要君主是真心实意地为老百姓的利益服务，老百姓又怎么会不信任君主呢？

只要满足了老百姓"甘其食，美其服，安其居，乐其俗"的生活需要，当然绝大多数人都会"畏死"——谁会能过好日子还去找死呢？但是任何社会都免不了有极少数的"为奇者"——惟恐天下不乱的人。这样的人数尽管少，但对社会安定的影响和破坏力却不小。从治理国家这个层次上来说，必须要惩罚他们，制止他们继续破坏其他大多数人享有安定幸福生活的权利。

惩罚的最高级就是死刑，但死刑永远只是手段而不是目的。既然是手段，就要注意效果，否则就会适得其反。死刑只杀必须杀而且应该杀的人，这样才有震慑力和良好的社会效应。

乱杀是违反"道"的

春天令万物生，夏天令万物长，秋天令万物收，冬天令万物藏一样都是自然规律。万物服从这样的规律，没有秋冬的收藏哪来春夏的生长？

秋季就是专司肃杀的季节，这叫杀之有度。同样作为国家来说，也有专门做这项工作的部门和机构，是别的人不能越俎代庖的，刑法是国家的大事，事关人命的死刑更是头等大事，从立案、取证、判决到执行，每个环节都必须慎之又慎，宁纵毋枉，否则就是好杀、草菅人命。

乱杀、不依法度来杀人，这件事无论是谁来做都是违反"道"的，所以"必伤其手"。任何一种制度在建立的时候都有其符合规律的内在必然性，正确地掌握这些内在的必然性而把制度控制在一个合情、合理、合度的范围之内，这也是"道莅天下"的表现。

小国寡民，生之乐土

老子说：国小人少，邻国和睦，即便有兵器也无所用；使人民生活幸福，珍惜生命，安居乐业而不愿流亡。虽然有车船之利，人民却不会因流离和贪欲而坐乘；虽有甲兵器械，因为政通人和，却无用武之地。使人民又恢复了上古结绳而治时那样的清简和淳朴。对自己的饮食满意，对自己的服装中意，住在自己的往所里面感到安适，欢喜自己的风俗。邻国近在咫尺，鸡犬之声彼此都可听闻，人民却自得其乐而不慕其他，以至活到老死也无纠葛。

"小国寡民"思想是老子政治思想的核心所在，也是老子心中的理想之国度。

"小国寡民"的思想内涵

老子主张"小国寡民"，并不是要复古或倒退，他的一个重要出发点是在追求一种淳朴的民风。正如冯振甫所说：

"老氏称上古之治，莫非要求'见素抱朴，少私寡欲'，莫动干戈而已。这样，才能遂其所求，至于'大顺'。若谓在求返于'小国寡民'之世，又岂其然？"

1. 老子追求的"小国寡民"，是民风淳朴的太平之世，生活安定，不动干戈。人类社会发展进入文明社会，在社会生产大发展的同时，不断的战争，分配的不均也相伴而生，而人类的贪欲、残忍与欺诈等丑恶面也日益滋长。正如老子自己所说的那样："大道废，有仁义；智慧出，有大伪。"而这正是他不想看到的。

2. 老子主张无为而治，"小国寡民"正是与其"无为而治"的思想相统一的。老子以他的"道"论为出发点，引申到他的"无为而治"的政治思想和"小国寡民"的理想，其理论并成了一个整体。老子说："为无为，则无不治"，又说："治大国若烹小鲜"，他不主张通过加强对人民的控制来治理天下，相反的，他认为要尽量减少扰民，来达到天下大安的目的。因为老子相信天下万物循道而行，因此不必多加干预。此外"有为"（如"尚贤""贵难得之货""见可欲"）只会使智巧的人从中造事，这是祸乱的根源。而且过多和反复不定的政令只会使人民疲于应付，无法按照其本来的规律生活，造成社会的不安定。因此老子主张"小国寡民"，反对权力的集中和"有为"。

3. 老子"小国寡民"思想的另一个重要方面是使人们各安其所,"甘其食,美其服,安其居,乐其俗。"对于这一句,各家的注解有所差别,但结合"使民重死而不远徙"一句及《老子》其他章节进行仔细推敲,就会发现老子这句话的重点放在这样一层意思上:使人民安于所处,乐于所有,衣食住行,皆能适意,知足常乐,不求变化。因为民风能保持一种淳朴的状态,人们安于现有的条件和生活环境,就会达到一种无欲无求的境界,没有过多的追求,也就不会有机巧与智谋,不会有人与人之间的争斗与国家之间的战争,于是"有舟舆无所乘之,有甲兵无所陈之"。这样,社会自然安定,就很容易治理了。

有人批评老子的"小国寡民"思想是保守的、复古的,这实际上是过分要求古人了。詹剑峰在《老子其人其书及其道论》中曾分析过:中国古人有"变化的观念",有"发展的观念",但没有"进步的观念"。进步的观念,在欧洲是18世纪启蒙运动中才出现的,随着西方哲学的传入才进入中国的,因此老子没有"进步的观念",也就不足为奇了。而他在经过一番哲学的思考之后,得出"小国寡民"的政治理想,所追求的是社会的长治久安,是要"为万世开太平"。因此当我们一味地追求社会的快速发展的时候,老子的思想对我们不能不说是一个极好的警示。

陶渊明的"世外桃源"

世外桃源是陶渊明幻想出来的一个无君无臣的理想社会,一个平等、仁爱的乌托邦。世外桃源是生活的福地,更是心灵的净土,是无为而治的美好家园,是老子迷恋的"小国寡民"。世外桃源就像一面镜子,以它灿烂夺目的理想光辉,反照出现实社会的黑暗和充满剥削、压迫的罪恶本质。

当然,用今天历史唯物主义的眼光,来看陶渊明所理想的世外桃源,是不可能存在的。也不应该是我们所追求、所向往的。

春秋时代的老子、晋朝的陶渊明都用他们不朽的文笔抒发了心中的渴望,有史以来这恐怕不是少数人的幻想。现代,心理学家发现每个孩子的自然绘画中总有乡村小屋的田园风光,这是孩子们作为最理想的归宿。每个人还记得自己孩童时代的绘画么,它是怎样被编织进头脑里的?然而,人们不能都像老子、陶渊明那样写出千古文章,但追寻的心不都一样吗?有一点可以肯定,不用像陶渊明那样去寻找，因为它本来就由每个人孩童时代自然描绘出来，由人们心中流淌出来。如果在记忆深处保留这个角落，有一天就可能被重新发现，被重新认识。

　　或许陶渊明寻找世外桃源的真意就是一种跳出实物的限制而进行的心灵挖掘，否则文章中的主人公只注重物质景象时，当他再一次想由原路返回桃花源，怎么迷失了原路呢？果然，人们常常把世外桃源仅当作一种理想，因为肉眼只能看见可以用脚走的路罢了，当他仅仅用双脚去步量泥土的路时，可不就只能迷路了。

第七章　老子补漏拾遗

老子所撰述的《道德经》开创了我国古代哲学思想的先河。他的哲学思想和由他创立的道家学派，不但对我国古代思想文化的发展，作出了重要贡献，而且对我国 2000 多年来思想文化的发展，产生了深远的影响。关于他，还有很多有趣的传说。

太上老君

太上老君，道教天神、教主，为三清之第三位。又称"道德天尊""混元老君""降生天尊""太清大帝"等。在道教宫观"三清殿"，其塑像居右位，手执扇子，相传其原形为老子。

北魏之前称：道德天尊，是道教最高神明"三清"尊神之一，即老子。约自北魏起，又称太上老君。东晋葛洪的《神仙传》汇集群书所见之老子传记，或称老子先天地生，或称其母怀孕七十二年生，生而白发，故称老子。亦有称其母于李树下生，生而能言，指树而姓"李"。据东汉延熹八年陈相边韶的《老子铭》，老子"离合于混沌之气，与三光为终始""道成化身，蝉蜕度世"。陶弘景《真灵位业图》定太清太上老君为第四中位，居太清境太极宫，即三十六天中之第三十四天，在三十三天之上。《魏书》的《释老志》称太上老君"上处玉京，为神王之宗；下在紫微，为飞仙之主"。唐代皇室，以老子李耳为同姓，崇奉太上老君，累加尊号。唐高宗尊太上老君为"太上玄元皇帝"，唐玄宗三上尊号，称"大圣祖高上大道金阙玄元天皇大帝"。

《道经》记载，太上老君，屡世为王者之师。在商以前，老君即分身下降，随世立教，事情完成了就隐藏起来了，故在世未有诞生之迹。至商十八世王阳甲践祚之十七年，老君自太清境分神化，托孕于玄妙玉女，经八十一年，于武丁九年二月十五日降生。这是最早关于老君诞生之迹的纪传。纪传说：周武王时，老君仍为柱下史。号经成子，授道周公，乃游西极太秦，竺乾等国，号古先生。周昭王二十三年老君西过函谷关，度关令尹喜，授以道德五千言。前汉文帝时，老君降于陕河之滨，号河上公，亦曰河上丈人。汉成帝河平二年，老君降于琅琊曲阳，授于吉《太平经》。后汉明帝元和二年，老君下降，授于吉真人一百八十戒。汉顺帝汉安元年，老君降于蜀山鹤鸣山，授天师张道陵，《正一盟盛》秘录；再降赐《太清中经》九百三十卷，符文七十卷。建康元年又授天师三洞众经及超度九祖斋直之法。北魏明皇帝神瑞二年，老君降于嵩山，授道士寇谦之《云中音诵新科之戒》；泰常二年又降赐符录七十卷。太武帝太平元年，老君降于嵩山，命寇谦之授帝以太平真君之号。唐高祖武德二年，老君降于羊角山，语吉善行，令奏闻云："我帝祖也"。唐高宗龙朔二年，帝祠老君。乾封元年上尊号玄元皇帝。宋真宗大中祥符七年，故截止于宋。道教徒相信太上老君为至尊天神，常分身降世，无世不存，这是不可动摇的信仰，否则你就不是道教弟子，老子之徒。

由老子演变而来的太上老君地位虽然不及元始天尊与灵宝天尊，但是仍受到非常高的崇奉，各地都有宫观奉祀。因为号"太清太上老君"，因此主祀他的宫观庙殿称他太清宫、太清殿、老君殿或老君庙。

老子骑青牛

据说，这是李耳八、九岁时发生的事。那时，太清宫南面的一座大山上，突然出现一群怪物。这怪物猛看象大象，没有象鼻子长，蹄子碗口大，两角头上长，两眼似铜铃，一叫惊虎狼。人们称它为神牛，这神牛凶猛得很，见物咬物，见人吃人，连狮子老虎都没地方藏。不长时间，山附近被它们得几乎路断人绝。

一天，李耳和本村的孩子二子瞒过大人，一起南山下割草。不一会，他俩把篮子割满了，看看天还早，俩人就做起游戏。二子把镰刀插在地上，李耳和二子站在远处，用李耳的乾坤圈（他给他的手镯起的美名）套镰把。套中为赢，套不中为输。谁输了，谁围着镰把爬三圈。他俩正玩得起劲，突然哞的一声叫，从山上冲下一头神牛，直朝他们扑来，李耳看见那牛，气得他火冒三丈，心想：这畜生自从出现就不干好事，扰闹乡邻，伤害百姓，今天非给他点厉害看看不可。

老子骑青牛

李耳对二子大喊一声："走，捉住它。"他说着就拿起了镰刀向那牛迎去。二子也不是个软包，听老君这么一喊，也捡起镰刀，跟着跑去。那头牛平日里碰到的东西，只要是活的，都是没命地逃。今它见两个小孩看见它不但不跑，反而举着镰刀向它跑来，就觉得事情有点不妙。但到嘴的肥肉不能不吃，它两眼一瞪，跑得更凶。那牛连窜带跳，来到近前，把头一底。一个猛窜，就想把他俩抵死，老君二人忙把身子一蹲，那牛正从他俩头上蹿过去。老君见那牛气势，心想：先给他点厉害，杀杀它的威风。随即猛地站起身，举起镰刀，朝那牛屁股上狠劲砍去。只见那牛痛得一蹦老高，它好屁股上只露了个镰把。那牛顾不得吃他俩了，撒开蹄子就往山上跑。俩人一见那牛跑了，更来劲了，喊着叫着，跟着那牛追上山去。那牛一口气跑到半山坡，钻进一个很大的洞里。李耳和二子正准备到洞里捉个稳的，突然的一声吼叫，震得山坡直打颤颤，随着叫声一头青牛从洞里窜出来。乖乖，只见它比刚才那牛大一半，大头大嘴大蹄盘，肚子里像揣着个老虎，头上那两只角向前伸着，只有一胳膊长。看样子它是这牛洞里领头的。

青牛窜出洞口中，往半山坡一站，见是两个小孩，气得暴跳如雷，对着他俩先亮了个下马威。真够凶的！但见它把头一低，伸出舌头往满荒草的地上舔，"唰啦"一声，舌头过去的地方一片精光，连地皮都被它舔起有半尺多深。青牛觉得自从它占山为王以来，还没有吃过半点亏，今天也不能输给两孩子。

青牛大叫一声，一个饿虎扑食，就朝他俩直扑上去。李耳见大青牛发疯一般扑来，心想：不把大青牛治服，以后这带的人就别想有好日子过，一定得把大青牛治服。还没等他想出个治服大青牛的法子，这牛已窜到二子身边，朝着二子低头就抵。二子也不急慌，就顺势抱住了大青牛的前腿。那大青牛见腿被人抱住，急得张口咬二子。老君见状，猛蹿上去，用手里的乾坤圈对准大青牛的上牙就是一下，咔嚓一声，大青牛的上排牙被砸掉了。这大青牛恼羞成怒，身子猛一横，把老君撞倒地上，它低下头去伸出舌头"呼哧"一下，就把二子裹进肚里。老君见二子被老牛裹进肚里，气得他怒从心中起，劲从骨中生。

大青牛这时正低头躬背冲到他跟前，他猛地站起身，一把抓住牛角，"蹭"地骑上了牛背，他用腿把牛背夹紧，两手握住两只牛角使劲向后一搬，一下子把牛角搬了过去，大青牛乱蹦乱跳，想把老君从背上甩下去。老君摘下乾坤圈，用劲折断，把牛鼻子牢牢穿住。这下大青牛老实多了。老君跳下牛背，捡起二子的镰刀又把牛蹄子切成两半。大青牛彻底老实了，二了还在牛肚子里呢。老君狠劲一托大青牛的肚子，把它胃里的东西全都挤了出来，二子也出来了。因为他才被吞下，双没伤着筋骨，不一会就醒过来。但大青牛可吃了苦，从此，它吃了东西总是要再倒出来重嚼。老君见二子醒来，便和二子骑上大青牛，高高兴兴地下山去了。没走多远，老君发现后面跟了一群大大小小的牛。原来，这些牛见头牛被老君治服了，他都乖乖地跟了下来。老君下了山，把它们赶到村子东边的一片草地里。从此，他就在那里专门驯养那群牛。他对跟来的那些牛，一头头都按治大青牛的办法整治一遍，只许他们吃青草，还教它们拉犁拉车。他把驯养好的牛，都送给乡亲们使用。

赶山鞭和老君山

鹿邑城东门里边有一座老君台，三丈九尺多高，从下往上，要经三十三层台阶才能爬到台顶。台上有一座老子庙，在苍松翠柏衬托下，古香古色。老子像两边有两副对联——上联：一片碧波飞白鹭；下联——半空紫气下青牛。这里每一样古物都有一个故事，最有趣味要算老子庙前的赶山鞭。这是一根碗口粗的大铁柱子，它深埋在地下，露在地面上的那一部分，有三尺多长，一个人可以晃动，但十个人也拔不出来。

这赶山鞭和老君山怎样来的呢？故事全在老子身上。

老子五十多岁的时候，常在苦县东门里边宣传自己的主张。苦县县城离他的家乡曲仁里只有十来里路，他每次从县城回家，总要从隐阳山下路过。这座山原来没有名字，因为它很高，山尖子插到云彩眼儿里，把太阳隐着了，所以人们就给也起名隐阳山。这隐阳山北面因为不见太阳，经常冰天雪地，北风尖叫，走路的人从这里经过，身穿皮棉裤皮袄还不耽误冻得上牙跟下牙打架，招呼不好就能冻倒这里，山坡上树林里，常有凶猛的野兽出来伤人；山南面，太阳晒得火辣辣的，热得五谷不长，走路人喘不过气来，弄不好就有烤死在这里的危险，山坡上的草棵里常有毒蛇出来咬人。老百姓恨死这座山。老子每次从这里走过，总要对山嘟哝一阵："隐阳山啊隐阳山，你给人造的罪太大了，我恨不能一鞭把你打下去！"

后来老子离开家乡，到秦国讲学去了，说也奇怪，他刚一走，苦县东门里国他讲学的地方一下塌陷下去了，原来那片青青的草地变成了水清见底的绿湖，湖里长出磨盘一样大的藕叶和各种不同彩色的荷花,湖当中留有一片长着松柏的干地。

再说老子到秦国讲学已经一个多月了,这时候他的青牛已经驮着他飞过了函谷关,使他变成了仙体。一天夜里,他的青牛的两眼金光一闪,突然对主人说起话来:"先生,你到这来一个多月了,也不讲回家的事,别忘了家乡百姓正在受着隐阳山带来的痛苦呀!"

老子说:"牛呀,我的老伙计呀,以你说我该咋办哩?"

牛说:"今天夜里,你该回去看看啦。"

"好,"老子听出了青牛的话音,就跳上牛背,说:"那就劳累你跑一趟啦。"

青牛"哞"地一声,脚下生起一朵祥云,驮起老子,飘到半空,一抹头朝东,尾巴一拧,一溜火星子往苦县方向飞去了。

紫气东来

函谷关,是古代著名的雄关要塞。这里,北边紧靠黄河,南面接着秦岭,西边是一道高塬,十多里道路全在山谷之中,深险如函。是进入秦国的必经之地,素有"一夫当关,万夫莫开"之称。

当时,驻守函谷关的关令名叫尹喜。尹喜精通天象学问。一天早上,他站在函谷关的高台上,往东一看,只见东边的天空紫气升腾、祥云缭绕。一轮红日喷薄而出,万道霞光辉映山川。这紫气逐渐弥漫了原野,弥漫了城楼,尹喜惊喜地呼叫:"紫气东来,必有异人来到。"于是,他便吩咐守关的部下,清扫庭院,迎接贵人。

关令尹喜按捺不住兴奋的心情,急切地站到关楼上眺望,忽然看见关外的路上,身穿黄袍一老者骑着青牛,旁边跟着小书童慢慢朝这关门走来。这老者白发银须,飘飘如仙,尹喜赶忙跑下关楼前去迎接。

果然不错,这老者就是老子,尹喜非常激动,忙跪拜行礼,情不自禁地说:"先生驾临,关壁生辉,晚辈我三生有幸啊!"

老子一惊，下了牛背，惊异地看着前面这位身着将服的人："请问，您是……"老子问道。

"先生，我是这儿的关令尹喜。"尹喜笑着回答："二十年前，先生在周朝王室中管理图书时，我曾向先生查阅过书籍，请教过先生不少问题。这些晚辈至今仍牢记在心啊！"

说着挽着老子向院里走去，边走边说："老人家，您既然来了，就在这儿安心多住上几天吧。"

老子在关里做客，尹喜对他安排照顾得非常周到，除了晚上安歇之时以外，尹喜几乎天天不离老子的身边，那敬慕之情，真是难以用语言表述。

就这样，一天、两天、三天、五天，老子几次提出要走，尹喜总是不放，眼看着整整的九天过去了。尹喜仍然不肯让老子走，仍然是热情地招待、服侍他。老子心中十分过意不去，再三提出要过关西去，态度异常坚决。尹喜问："不知您老人家执意要走都有哪些事要做？"

"我要到秦国去讲学，还要西行流河，到很远的地方去过真正的隐居生活。"老子认真地说。

"您老人家说的这些也都不是急着要办的，况且您老此去隐居，晚辈这辈子怕再也见不到您老了。您不能走，晚辈这里就是您最好的隐居地方，你可以在这里著书立说，把你的主张和想法留给后人。"

老子听尹喜要他留下来写书，不免心中一震，想起原在家乡时写成的大书被火焚烧，心里马上难受起来。他再也不愿写书了。但是看到尹喜一片真情，不免心动，感到人情难却，于是就答应了。

尹喜亲自动手，给老子取来了毛笔、墨汁，老长一串木札一没有写字的木简。另外，还准备了麻绳、刀子。这刀子是打算将木片上写错的字刮去的。

老子坐在东间窗下的桌案旁边，手里紧握，狼毫竹笔，面对桌上展开的木札，望着窗外青碧的竹桃，开始构思要写的文章。想了好大一阵子，也没能够想出个眉目来，心里倒感到茫然起来。

老子放下笔，走出房子，来到关楼上。四处眺望，一下子心胸感到十分开阔起来。高爽秋空厂碧万顷，莽莽沃野，一望无际；千山万壑，一张图画；浩浩宇宙，无限包容。老骥登城，志在千里；眺望家乡，天边好像在身边。这时，豪情顿至，在他胸中又一次升起……

"有了，有了，我何不就将那大书用浓缩的语言概括地一写！就这样办！中！定了。就这样办！"老子自言自语地说着，决心一定，他快步走下关楼，兴冲冲地回到房里。

老子重新坐到窗底下桌案旁边，提起笔来，先将在路上想好的开头几句话落在木札之上："道可道，非常道。名可名，非常名……"写，就这样写。要用极少的话将那大多的内容表达出来，这样也就不枉我多年辛辛苦苦的笔墨了。"

老子整天废寝忘食，不停地写着。写成了。八十一章奇文写成了！他以极为精练的浓缩性极大的语言，用五千字，以一当百，把他的巨型大著给全部概括出来了！一部上至高天，下至大地，中至人律的宇宙奇书，就这样的在老子的笔下诞生了！

现在函谷关太初宫的正殿，就是当年老子著书的地方。他写的书就是《道德经》，分"道经""德经"上下篇，共5000多字，后来被奉为道教的经典。

老子的预言

李老聃西行路经函谷关，有一天关令尹喜把他请到自己家里做客。

喜有两个不到三岁的孩子。一个叫老大，一个叫老二。老二长得聪明伶俐，老大呢，看着不但不伶俐，还一脸老实相。

喜手里拿个元宝，一边摆弄，一边问老聃："先生，你看，这两个孩子，我以后能拿到哪个孩子的福？"

老聃一时没回答上来。坐在旁边的一位客人见老聃没说话，就插嘴说："当然是能享老二的福。你看这老二，聪明伶俐，以后会有很大的本领。"

老聃从喜手里接过元宝，用一只手拿元宝向老大说："好孩子，来，你打你爹一巴掌，我把元宝给你。打，你打我就给，你不打我就不给。"

不管咋说，老大总是睁着两只大眼，不打也不接元宝。

老聃又把元宝递向老二："好孩子，来，你打你爹一巴掌，我把元宝给你。打！你打我就给，你不打我就不给。"

老二高兴地瞪着小眼，伸出小手，照他爹嘴上打一巴掌，老聃把元宝递给了老二。老二得意地接过元宝，擦巴擦巴地走了。

喜高兴地说："还是这孩子有办法，有办法以后我光剩享他的福了。"

老聃说："喜弟，以我说，以后能让你享福的是老大，不是老二。"

喜笑了："先生，你从哪里可以看出？"

老聃说："因为老大重义不重利，有真情；老二见利忘义，没有真情。"

坐在旁边的那位客人笑着说："可以这样断定吗？"

老聃说，人都在变化，如若国家没有特别的变化而这样发展下去，会是这样的。

事过以后，喜并没有在意，几十年后，告老还家，卧病在床。这时他的大儿子成了一个穷人，二儿在外经商，手里很有钱。老大整天守在他爹喜的床头。家里东西因给爹治病卖光了，就靠要饭养活老人家。老二听说爹爹病了，连理也不理，老大给这个在外做生意的弟弟捎信，说爹爹快要死了，要他回来看爹一眼，得到的回答是："我做生意赚钱要紧，回家看他一眼少赚好些钱，谁包赔我？他死叫他死；他死我也没有时间回去睬他。"

这时候，喜弟一下子想起了几十年前老聃先生说过的话。

老子散丹

有一年，函谷关一带突然发生了瘟疫，人一染上，轻的上吐下泻，重的很快身亡。不久，当地就病死了很多人。新坟林立，哭声遍地，很是凄惨。周围的郎中也没法子。

老子听说后，急得坐立不安。正在这时，徐甲跑进来气喘吁吁地说："先生，刚才我正在给青牛喂草，青牛不但不吃，反而来回走动，不大会儿从牛嘴里吐出这团肉乎乎的东西。"徐甲说着便将青牛吐出的肉团递给老子看。

老子看过后，高兴地说："有本书上说这肉团清热解毒，能医治瘟疫，咱正好试试，若能医治好百姓的疾病，那真是福从天降呀！"于是，老子又认真配了几味中药，有的用文火熬，有的用瓦片焙，有的精心研磨成粉。一连几天，老子都没有合眼。一直到正月二十三这一天，药丸终于制出来了。

说来也巧，患病的人喝了老子炼制的丹丸后，病也都随之好了。函谷关一带的百姓感激不尽，扶老携幼络绎不绝地来向老子拜谢，说老子是上天派来的救世神仙，到人间来为百姓消灾治病来了。

打那以后，函谷关一带的人每到正月廿三，家家户户都用黄表纸剪成牛和药葫芦贴在门上，纪念老子。当地还流传着一首民谣：

> 正月二十三，
> 老君散仙丹。
> 家家贴金牛，
> 岁岁保平安。

为了答谢青牛，当地人后来在函谷关内修建了一座庙宇，叫"青牛观"，把青牛当作神年年供奉。《西游记》上说老子成仙后，在天庭炼金丹，孙悟空偷吃金丹成了刀枪不入、火攻不化之躯的故事，想必也是从此引申的。

会仙台与牛头岭

老子骑着青牛出了函谷关，继续和徐甲一同往西而去。

这一天，老子和徐甲来到亚武山下，老子下了牛背，对徐甲说："甲儿，咱们就在此暂且歇息一会儿再走吧。"

徐甲把牛赶到一边吃草去了。

再说，这亚武的祖师玄武，一心修仙养道，已经整整八年了，可还是未能修成正果，不免心中有些焦急不安。

　　当玄武听说老子要西行讲学，这亚武是老子的必经之路，就每天在这儿耐心地等候。他曾听说过，当年楚国，一位久修不成姓傅的道士，被老子送他一木一石，而点化成仙的事。于是，玄武就想让老子也能为他讲讲道学。

　　当玄武在山上远远望见老子骑着青牛缓缓走过来时，心中十分高兴，他赶紧来到山下。他想，我要是将老子骑的青牛藏起来，他就会留下来为我讲道。他趁徐甲在山上玩得正高兴的时候，就悄悄走过去把青牛拉着藏在树丛里。然后之上前来，恭恭敬敬地向老子施礼道："听说您老人家前来，弟子在此恭候多日了。"

　　老子抬起头来说："想必你就是无量了。""弟子正是，弟子想请您老人家在此为我讲经说道。"老子望着高峻的亚武险峰道："你这里危峰高耸，哪里有我安身的住处。""先生放心，弟子定会为您寻找个安全的住处。""那好，可这山高路险又怎么上得去呢。"

　　"来，我背您老人家上山。"玄武说着弯下腰。老子想试试玄武是否诚意。也就随口答应让玄武背着上山。

　　玄武背着老子一步一步吃力地望山上走，累得他上气不接下气。

　　老子看玄武累得那样子，就说："咱歇会儿再走吧。"

　　"没事儿，我能行。"玄武硬是坚持把老子背到山腰一个平台的地方。老子望着满山迷迷蒙蒙的云海，郁郁葱葱的树林，就笑着说："亚武山，山静水清，是个修心养道的地方，就在这儿住下吧。"

　　玄武就在此处搭了一个结结实实的草房子，请老子在此住下，每天聆听老子讲经说道。

　　玄武从山上采摘来许多鲜桃，与老子共同品尝。

　　后人就把当年老子为玄武讲经的地方。称作"会仙台"。他们扔下的桃核，变成了"桃核峰"。

　　被玄武藏起来的青牛，后来被亚武山下一个年青后生发现了。他见这头牛闲着，就取来犁和结头，让这牛耕起地来。传说这青牛力大无比，纵横几千里，行走如飞，不多时间就把黄河、渭河一带的地全耕完了，正在向亚武山回耕的时候，犁尖一下子被华山挂住了，青牛奋力一拉，犁绳被拉断了，牛卧下也再爬不起来了。这牛后来就化做了一座大岭，在灵宝豫灵万回村的玉溪涧西边，人称"牛头岭"。在华山半山腰挂着犁的地方，现在仍留着痕迹，被称做"老君挂犁处"。

玄元灵符

老子死后，他的学说越来越受到人们的推崇，后来形成了道家学派。汉代被演变为宗教，这就是道教。老子被奉为教祖，由人变成了神。他写的《道德经》也成为道教的经典。到了唐代，老子的地位达到了登峰造极的地步。唐太宗李世民自认是老子的后裔。唐高宗追封老子为玄元皇帝，诏《道德经》为上经。唐玄宗时，诏各州府广置玄元皇帝庙，建立玄学，令生徒诵习《道德经》。

天宝元年（公元742年），一天早朝时，唐玄宗刚刚坐定，陈王府的参军田同秀上前奏道："启禀万岁，微臣昨晚做了一梦，梦见函谷关丹凤门上紫气萦绕，玄元皇帝飘然其中，我正要上前叩拜，只听玄元皇帝说：'我藏灵符，在尹喜故宅。'说完就不见了，微臣不解其意，奏请圣上明析。"

玄宗一听，连声说："好梦好梦！玄元皇帝托梦，又有祥云紫气，吉祥啊！"当即派人到函谷关寻找灵符。

果然不错，在函谷关尹喜故宅的西边掘出了一个"灵符""灵符"是用一个桃木制成的木片，火速将"灵符"送往京城，呈玄宗御览。

玄宗拿着"灵符"，左看右看，也不认得。让周围的大臣看，也说不出个名堂。后来还是田同秀试探着说："臣的看法不知对否，不敢妄言。""你发现'灵符'有功，但讲无妨！"田同秀说："臣看此字像是古书的"桑"字，上面三个十字，下面一个十字，一个八字，合起来是个四十八。"这一说，群臣都有所悟。"四十八、四十八，玄元皇帝保佑我皇四十八年。"一个大臣高兴地叫了起来，众臣也都附和着，都说这是玄元皇帝显灵，送来宝符，可庆可贺。

唐玄宗也非常高兴，认为这是老子对他的恩赐，当即把开元的年号改为天宝年号。并在一个月后，将埋藏灵符的桃林县改为灵宝县。当然，田同秀也因此而升了官。

这件事记载在《资治通鉴》上。对于"灵符"一事，司马光同时写道"时人皆疑宝符同秀所为。"

附录：老子年谱

约公元前 571 年

生于楚国苦县厉乡曲仁里。

约公元前 590 年

被召入周王朝国家图书馆，得以接触到最机密的历史文物和典籍。

公元前 535 年

老聃 37 岁。因受权贵排挤，逃亡，寄居鲁国，时孔丘十七岁，问礼于老聃，该年 4 月 1 日从老聃助葬，遇日食（见《礼记》）。

公元前 530 年

老聃 42 岁。原伯绞虐待庶人，贱民大批逃亡。同年暴发起义，赶走原绞。公子原跪，不久被立为原伯。悼公（名过）想要去掉甘成公、甘景公，结果，成、景二族人联合杀死甘过。立甘獣为公。又杀死甘过的羽翼史过和瑕辛，（老聃出奔于鲁，大概受甘过迫害）召回阴忌、老阳子等五人。老阳子回周后仍任王朝征藏史之职。

公元前 520 年

老聃 52 岁。周景王想立王子朝为太子，大夫宾起赞同，单公、刘公反对。景王突然因病而死。单公和刘公，立王子猛为王（是为周悼王），杀死宾起。王子朝起兵争位，王朝从此掀起十多年血雨腥风的长期内战！

公元前 516 年

老聃 56 岁。王子朝的兵攻下刘氏的刘邑，纵火烧城。晋国出兵，援助周敬王，召伯盈赶走王子朝。召伯盈迎敬王入城，与单氏、刘氏立盟。

公元前 515 年

老聃 57 岁。因王朝图书被运走，老聃失去职位，去往秦国。

公元前 513 年

老聃 59 岁。单氏、刘氏杀召伯盈、尹氏固及原伯鲁之子。

公元前 508 年

老聃 64 岁。周巩简公弃其子弟而好用远人，巩氏的众子弟杀简公。

公元前 504 年

老聃 67 岁，周敬王派人到楚国杀死王子朝。

公元前 505 年

老聃 68 岁。郑国派兵来攻周王朝的六个邑。晋国派兵帮助周王朝守卫。敬王离开王城，到别处避难。

公元前 503 年

老聃 69 岁。儋翩联合尹氏起兵背叛周敬王，又与单氏、刘氏打起内战。晋兵护送敬王入于王城。

公元前 502 年

老聃 70 岁。二月，单氏、刘氏攻下背叛敬王的四个邑，儋翩等失败，王朝内战到此结束。据《史记》载：老子"见周之衰，乃遂去，至关（函谷关）关令尹喜曰：'子将隐矣，强为我著书。'于是老子乃著书上、下篇，言道德之意。五千余言，而去。"老子的一生，始终站在劳动人民一方，鞭挞统治者，孜孜以求，建立一个使人民过着"甘其食，美其服，安其居，乐其俗"公有制的理想社会。

公元前 492 年

老聃 80 岁。周王朝的刘氏与晋国范氏是世代姻亲。晋国范氏与赵氏武力互相兼并，刘氏支持范氏。赵氏得胜后，指责周王朝。刘氏归罪于大夫苌弘，于是杀苌弘。

公元前 479 年

老聃 93 岁。鲁哀公 23 年，孔丘死。

公元前 472 年

老聃 100 岁。死于秦国。